ÀS MARGENS DO RIO SAGRADO

EDGARD ARMOND

ÀS MARGENS DO RIO SAGRADO

Aliança

3ª edição, Dezembro / 2021 do 16 a 16.500 exemplares

Título
Às Margens do Rio Sagrado

Autor
Edgard Armond

Revisão
Maria Aparecida Amaral

Editoração
Sônia Silva

Capa
Sônia Silva

Impressão
Graphium Gráfica e Editora

Ficha Catalográfica

Dados Internacionais de Catalogação na Publicação (CIP)
— Câmara Brasileira do Livro | SP | Brasil —

Armond, Edgard, 1894-1982
Às Margens do Rio Sagrado / Edgard Armond

São Paulo: Editora Aliança – 2021
ISBN: 978-65-990196-3-0 – 128 páginas.
1. Espiritismo 2. Romance

A763m CDD-133.1

Índice para catálogo sistemático:

1. Espiritismo II. Romance

Editora Aliança
Rua Major Diogo, 511 – Bela Vista – São Paulo – SP
CEP 01324-001 | Tel.:(11) 2105 2600
www.editoraalianca.com.br | editora@editoraalianca.com.br

SUMÁRIO

A vida flui dos livros com a mesma espontaneidade ou com a mesma exiguidade da nossa existência na carne. Nesses livros, como na vida, precisamos saber o que nos ajuda e o que nos prejudica.

PREÂMBULO

O povo da Índia tem sido considerado o mais espiritualizado do mundo e, dessa região, veio uma poderosa linha iniciática, que muito influiu na fundação de religiões e filosofias ocidentais.

O que se considera espiritualidade na Índia não são as práticas da religião no seu sentido popular: uma mitologia muito extremada e rica de deuses, semideuses, crendices e superstições; mas, sim, a mentalidade, fixada desde milênios, na crença da imortalidade do Espírito e na esperança do Nirvana — o paraíso divinizado —, que todos se esforçam por merecer, acima de qualquer outra preocupação ou atividade da vida comum; crença de que o povo dá testemunho, sem a menor vacilação, com fé inabalável, na vida e na morte.

A força da religião da Índia está, além disso, no desprendimento em relação aos bens materiais; na humildade no sofrer; no desprezo pela dor; no destemor da morte, que o povo sente, no fundo d'alma, serem coisas transitórias, ilusórias, fictícias, ante a eternidade da vida na imensidade do Cosmo.

O Ganges é a prova disso: é um deus líquido, benfeitor, cujas águas ondulantes curam moléstias, preparam para morrer, recebem as cinzas depois da morte e concorrem para assegurar a imortalidade dos que morrem.

❖

Este pequeno livro narra uma excursão de estudos empreendida no Plano Espiritual, a um templo dessa velha Índia, situado na confluência dos rios Djumna e Ganges, proporcionada a um aprendiz do Evangelho, desencarnado em 1957 e internado em uma colônia do Umbral inferior.

É escrito para focalizar alguns dos inúmeros aspectos da vida além-túmulo, após o desencarne, que alguns autores desencarnados têm ultimamente e, com muita proficiência ventilado, e mostrar o valor que possuem os estudos e as práticas de natureza espiritual-evangélicas realizadas na Terra[1].

Considerando o surto, cada vez mais amplo, do materialismo que o engenho humano, sobretudo no campo da indústria moderna, não faz mais que desenvolver, oferecendo ao homem um mundo encantado de valores em grande parte negativos e atraindo-o, cada dia com maior capacidade de dominação, para o brilho efêmero dos bens perecíveis, queremos focalizar aspectos e circunstâncias muito simples, mas que mostram realidades verdadeiras, que fazem lei e a cujo império não podemos fugir.

Daí o fato de o Espiritismo ser, no momento, uma doutrina de alerta, a mais realizadora no campo dessas realidades e a que melhor esclarece, prepara e valoriza o homem encarnado para a vida nos planos existentes além das fronteiras da morte física.

Mostramos também como foi abreviado o período de inconsciência e adaptação post-mortem, a que todos nós nos submetemos no Plano Espiritual, pelo fato, principalmente, de haver o aprendiz frequentado, aqui na Terra, uma escola de iniciação espírita.

Sabemos que uma literatura desse gênero levanta sempre objeções quanto à autenticidade do conteúdo: "Não será tudo isto uma fantasia, fruto da imaginação do Autor? Quem pode garantir que seja verdade?"

Realmente não se pode dar, de pronto, essa garantia e, muito menos, descartar o problema para o terreno da crença

[1] Neste setor a Escola de Aprendizes do Evangelho, criada em 1950, tem mostrado um valor construtivo espiritual muito acima do que se esperava. (Nota da Editora).

cega, porque o Espiritismo é uma doutrina racional. Mas os que a conhecem com a necessária profundidade sabem que tudo é assim mesmo, simples e verdadeiro; e os que, mesmo não sendo espíritas, já caminharam mais longe no rumo do conhecimento espiritual, também o sabem; mas, sobretudo, o sabem os médiuns cujas faculdades, quando bem desenvolvidas, varam as fronteiras do mundo material e enxergam além.

Por isso escrevemos, não nos referindo, é evidente, às práticas paralelas, de negativa expressão iniciática.

O Autor

I

A PARTIDA

O sol, como um disco partido ao meio, enchia o horizonte de fulgores intensos, quando partimos do ponto de reunião previamente marcado.

O atencioso Instrutor, que era um dos membros da Fraternidade denominada Grande Corrente Hindu[2], na parte destacada para prestar serviços junto à grande instituição da capital bandeirante, e que fora indicado para nos iniciar em alguns setores especiais do mundo dos desencarnados, em prosseguimento ao que aprendemos até então, advertira, momentos antes:

— Iremos através do oceano, utilizando a volitação, e nosso objetivo será a cidade de Benares, na velha Índia, onde vim à luz do dia em minha última encarnação. Partiremos dentro de momentos.

Consciente de minha inexperiência e dos meus precários conhecimentos práticos sobre assuntos espirituais em geral, perguntei:

— Poderei, mesmo, acompanhá-lo nessa excursão? Quase nada sei.

— Sem dúvida alguma que pode, respondeu sorrindo. Aliás, convém não esquecer que se houver qualquer necessidade de ajuda mais imediata, eu a darei no momento exato. Não há, pois, motivo algum de preocupação.

E novamente severo, como era de seu feitio natural, acrescentou:

---

[2] Apoiou o movimento de independência do país liderado pelo Mahatma Ghandi. Uma fração dela apoiou, desde 1950, o movimento espírita de evangelização em nosso Estado.

— Qualquer pensamento negativo, qualquer vacilação, serão obstáculos à nossa viagem. Mantenha, pois, a mente confiante e o coração livre de qualquer temor.

II

CIRINEIA

Estávamos na sala onde trabalhava o diretor administrativo da Colônia.

Olhamo-nos disfarçadamente, eu e Martin, que me acompanhara até ali porque, justamente, esses eram os pensamentos que trocáramos, momentos antes, sobre a excursão projetada. Ambos temíamos realizá-la, porque sabíamos que iríamos nos lançar em uma aventura emocionante demais para quem, ainda há pouco tempo, abandonara o mundo material grosseiro, pesado e cheio de limitações.

Martin desistira na véspera confessando, francamente, que preferia, por enquanto, prosseguir seu aprendizado na própria Colônia, onde já havia conseguido um círculo bem agradável de amigos.

Além disso, dissera-me ele:

— Essa é a primeira excursão de uma série delas e não sabemos o tempo que isso vai levar; não me sinto com coragem para tomar parte agora nesse empreendimento.

Ele era modesto em suas aspirações e mais propenso à vida familiar que estava levando, de forma tão amena, junto à família de Bartow Bruno. Não só por causa deste, era evidente. Tinham vivido algum tempo juntos na Terra, na região assolada pelo ódio de classes e pela perseguição policial, rude e violenta, do governo autocrata dos Romanof, e Bartow tinha sido exilado para a Sibéria e nunca mais tivera notícias dele. Era um Espírito aberto a renovações e lutas políticas, mas tinha um coração sensível.

Quanto a Martin, desencarnara na primeira década deste século, libertando-se em uma prisão de Moscou; como era materialista, permanecera muito tempo em zonas sombrias, até que fosse trazido para Cirineia, onde ingressara como se fora no paraíso.

E foi de ver-se o seu encantamento, sua alegria delirante, ao reencontrar ali sua esposa Mariska, da qual também não tivera mais notícias depois que fora preso. Ela desencarnara em tumultos de rua quando fora, pela última das inúmeras vezes, à prisão de Lublianka, indagar do destino do marido, nos dias mais decisivos das agitações sociais que culminaram com o advento do comunismo russo em 1917.

Quando chegou à Cirineia, Martin foi convidado a visitar o amigo que ignorava ali estivesse, mas que fora, entretanto, avisado de sua chegada e que preparara feliz reencontro; resolveram então morar todos juntos na risonha e ampla casa de Bartow.

Não era, pois, de admirar, que preferisse permanecer junto a seus velhos amores, a empreender uma excursão de estudos tão ampla, para os lados da velha Ásia, afastando-se do seu quente ninho familiar.

Mas, quanto a mim, a coisa era diferente: ansiava por novos conhecimentos; tinha tido vida agitada e tormentosa na Terra, nas tramas de um penoso resgate, e ansiava por terminá-lo logo, conquistando novos méritos espirituais a custo de qualquer sacrifício.

Tivera a ventura de conviver na Terra com seguidores do Espiritismo, a Doutrina que se propunha a restabelecer o Cristianismo primitivo e, animado por um impulso irresistível, ingressei nas suas hostes.

Devorei em pouco tempo, grande parte da literatura doutrinária e, bem logo compreendi que a verdade definitiva estava ali, palpitante e viva. Lancei-me em seus braços e, para as realizações práticas, inscrevi-me em uma escola de iniciação evangélica[3]; devotei-me nas horas livres ao serviço do meu próximo tentando, de forma canhestra, porém sincera, realizar alguma coisa de útil, do muito que recomenda o código divino que Jesus legou à humanidade como uma regra de vida moral reta, perfeita e justa.

Como um neófito, no entusiasmo dos primeiros dias, tentava ultrapassar a mim mesmo nas possibilidades físicas, acumulando cargos e encargos até o ponto em que o organismo físico, já de si mesmo muito frágil, debilitou-se de forma extrema, adquirindo uma moléstia grave, que em pouco tempo levou-me à morte.

Nos últimos dias, já pressentindo o desenlace, prometia a mim mesmo prosseguir nos mesmos esforços, após transpor a fronteira vibratória que separa os dois planos, continuando no Umbral meus estudos com o mesmo devotamento ao trabalho, para que me purificasse o mais possível merecendo, afinal, o título de discípulo de Jesus[4].

Do Umbral, sim, porque jamais supus que mereceria a felicidade de habitar uma esfera de vida mais elevada que essa, suposição que os fatos, afinal, confirmaram plenamente.

Cheguei a Cirineia em estado de semiconsciência, carregado em uma padiola, pelos servidores daquele plano, que haviam recebido tal incumbência e que compareceram à câmara sombria, contígua àquela em que meu corpo jazia, frio e inerte.

No meu atordoamento via tudo como em sonho, dentro de um nevoeiro espesso que envolvia também o corpo orgânico e que tinha a sua mesma forma, sem poder atinar que se tratava do duplo etérico que, mesmo após a partida do perispírito,

---

[3] Escola de Aprendizes do Evangelho organizada pelo Autor na Federação Espírita do Estado em 1950. (Nota da Editora).

[4] Concedido aos servidores que terminavam com proveito a preparação espiritual pela reforma interna, sendo incluídos na Fraternidade dos Discípulos de Jesus. (Nota da Editora).

permanece junto ao corpo físico, até muitos dias após sua desintegração no túmulo.

Via-me desligado completamente e pude atentar bem para aqueles emblemas azuis, em forma de cruz, que os servidores traziam na túnica, sobre o peito.

Mais tarde é que vim a saber que se tratava dos Irmãos Samaritanos, gente abnegada, corajosa e humilde, que retira necessitados e sofredores do Umbral e das Trevas para conduzi-los a lugares de repouso e tratamento.

Benditos sejam eles, que foram os primeiros seres humanos desencarnados que vi após a minha morte e os primeiros que me socorreram no meu desamparo e me levaram aos caminhos que deveria percorrer para minha redenção.

Como em um sonho continuado vi que, logo depois, depuseram a padiola em um lugar de pouca luz, onde havia árvores altas e esguias e um grande portal encimado pelo mesmo emblema que traziam no peito.

Aquilo ficou bem fixado em minha mente, porque permaneci alguns momentos parado frente a uma edificação enorme, enquanto o chefe dos caravaneiros foi lá para dentro, provavelmente para receber instruções.

Quando voltou, disse claramente e alto, de forma que isso também ouvi:

— Departamento de Adaptação.

E para lá seguimos no mesmo instante.

III

O DESPERTAMENTO

Esse departamento ficava ali bem perto e, em breves minutos adentramos seus largos pórticos rodeados de árvores e dando para um imenso pátio interno cheio de flores e perfumes.

Segundo o que hoje sei, com a mudança de ambiente, de condição orgânica e de vibração local, bem mais rápida em relação à da Terra, operara-se em mim uma grande mudança e, agora, me sentia muito mais lúcido, conquanto ainda traumatizado mentalmente com o fenômeno da morte, podendo porém observar, com indizível curiosidade, tudo quanto se passava em redor, enquanto caminhávamos.

Sempre na padiola, levaram-me diretamente para uma dependência isolada e quieta, onde fui deposto em um leito macio, frente a uma janela alta, de vidros verdes muito claros. Pelos vidros enxergava lá fora um grande movimento de gente que ia e vinha, de um lado para outro, em grupos de dois, três e mais e, segundo me pareceu, conversando animadamente.

Essa visão de tranquilidade, o ambiente quieto e místico do aposento e o isolamento em que me achava bem depressa me levaram a um adormecimento profundo, por tempo que absolutamente não pude, depois, calcular.

Mas, em dada hora, fui voltando a mim, devagar, abrindo primeiramente os olhos, tentando recordar onde estava e o que me havia sucedido, crendo mesmo ainda estar na Terra, acordando de um sono comum.

Apalpei as pernas e o peito, senti a consistência do corpo físico, porém de forma muito mais suave, e até mesmo uma cicatriz de ferimento que possuía no lado externo da coxa direita, como a me confirmar na suposição de que estava mesmo na Terra.

Mas, depois, fui me recordando das impressões últimas: os dias anteriores, em plena fase da moléstia grave; os instantes últimos, que antecederam à morte; a câmara mortuária; chegada dos transportadores; a padiola onde me ajeitaram; a viagem, quase que processional da caravana, subindo sempre e me carregando, à frente de outras padiolas com outros necessitados; a chegada frente àquele portal com o emblema da Colônia e, por último, a entrada naquele belíssimo jardim perfumado e o conforto naquele leito macio...

Sentei-me de chofre, compreendendo, afinal, que já havia desencarnado e lastimando o fato de haver tido tão pouca consciência de tudo quanto ocorreu e que deveria ter sido emocionante. Lastimava minha semiconsciência e maldizia a minha inferioridade, que não permitira ter vivido, em plena razão, momentos tão sublimes e tão cheios de ensinamentos espirituais.

Mas a essa onda de pensamentos insensatos vieram-me à memória os ensinamentos espíritas recebidos na Terra e compreendi que estava gozando de um verdadeiro privilégio em ter guardado recordações dos trâmites posteriores ao desencarne, até o momento em que adormeci, naquele ambiente em que me encontrava agora; e rendi graças a Deus por tamanho benefício.

Nesse instante, suave torpor debilitou-me o corpo e mão delicada e cariciosa obrigou-me a deitar de novo, pressionando-me a testa.

Com os olhos fechados e não querendo abri-los imaginava, na minha fértil mentalização, de quem seria aquela mão: se de homem, se de mulher; de algum conhecido da última encarnação, ou de outras e, neste último caso, quem seria?

Uma forte sensação de curiosidade me empolgava, um verdadeiro enlevo de alma, naquele minuto rápido em que, na minha imaginação, perguntava de quem seria aquela mão.

Até que uma voz masculina soou, muito clara e harmoniosa, dizendo:

— Pode abrir seus olhos, meu caro irmão e encarar-me sem receios e surpresas, pois que não me conhece, absolutamente.

E de fato: abrindo os olhos, deparei junto a mim, de pé e ao lado direito, uma figura esbelta e moça, de olhos castanhos claros, grandes, redondos, rasgados, que me fitavam carinhosamente, sorrindo.

— Sou o Firmino, disse ele, apresentando-se; um dos servidores do Posto de Acolhimento deste departamento. Meu dever é este mesmo, continuou, após uma pequena pausa, e observando a minha surpresa: primeiramente fazer dormir e, depois do acordar, estabelecer os primeiros contatos com os desencarnados trazidos para cá, vindos diretamente da crosta da Terra ou salvos das esferas de sombras.

— Sr. Firmino...

— Irmão Firmino, corrigiu ele, sorridente: aqui todos nos tratamos com fraternidade.

— Estou então realmente desencarnado?

— Sem a menor dúvida. Aliás, deve sabê-lo de conhecimento próprio, porque, enquanto atravessava com a caravana as esferas mais baixas, nunca perdeu de todo o conhecimento do que lhe rodeava. Não é verdade?

— É verdade; não era, pois, simplesmente, um sonho.

— Claro que não. O irmão tem conhecimentos suficientes para saber que a vida espiritual é a única verdadeira e definitiva; para ela todos nós voltamos inumeráveis vezes enquanto estamos, como dizem nossos irmãos orientais, na roda das reencarnações.

— E todos têm a mesma consciência que tive dos momentos que sucedem ao fenômeno da desencarnação?

— Não, não têm; pode-se dizer mesmo que a maioria não tem; gozam desta possibilidade somente aqueles que possuem conhecimentos espirituais satisfatórios, sobretudo os de caráter evangélico, que despertam nos seres humanos sentimentos dessa fraternidade a que me referi há momentos.

— Conhece-me então, irmão Firmino?

— Nossa organização de socorro é muito eficiente e sempre age com conhecimento prévio dos fatos e circunstâncias, e as informações que interessam vão sendo sempre transmitidas à frente dos movimentos e providências, para os postos para onde o desencarnado é levado; entendeu isso?

— Sim, entendi e agradeço a explicação.

— Já li a sua ficha e tenho conhecimento de todas as principais circunstâncias que antecederam sua vinda. De modo que, para nós, o irmão não é propriamente um estranho.

— Irmão Firmino, prossegui: enquanto estava na Terra li obras de autores desencarnados que ensinavam muitas coisas sobre o mundo espiritual. Poderia perguntar qual a situação ou a natureza deste local onde me encontro?

— Como não? O irmão está sendo acolhido na colônia chamada Cirineia.

— Que significa esse nome?

— Lembra-se de Cirineu, aquele bom homem que ajudou Jesus a carregar sua cruz até o alto do Calvário? Esta colônia foi fundada por ele, há muito tempo e em sua homenagem foi-lhe dado este nome.

— E que espécie de Espíritos são acolhidos aqui, perguntei ainda e o fiz tendenciosamente, desejando surpreender detalhes sobre minha própria situação espiritual.

— Nossa conversa já se estendeu demais e isso não é bom para si; recomeçaremos mais tarde, após este primeiro e promissor encontro. Permaneça no leito, em repouso, ainda por mais algum tempo. Depois voltarei. Até logo.

E retirou-se. Deitei-me de novo e esforcei-me por dormir, compreendendo que isso ser-me-ia extremamente favorável naquelas condições.

Horas mais tarde Firmino voltou; eu me encontrava em perfeitas condições físicas, porque havia sido também submetido a um tratamento magnético de revitalização no mesmo departamento.

— Estou às suas ordens para explicar o que quiser saber; tenho mais tempo agora. Começo por responder sua pergunta sobre que espécie de Espíritos são acolhidos aqui na Colônia.

Nossa organização permite receber Espíritos de várias condições, inclusive aqueles, como o próprio irmão, já possuidores de algumas noções verdadeiras da vida espiritual aptos, portanto, a absorverem aqui, facilmente, após o despertamento, conhecimentos mais amplos e completos. A esses damos oportunidades dessa ampliação de conhecimentos como esperamos venha suceder consigo mesmo.

— E todos se submetem às mesmas obrigações e deveres?

— Inumeráveis são as condições dos Espíritos que desencarnam e aqui aportam, porém podemos agrupá-los em determinadas classes. Por exemplo: há os que vêm completamente cegos e inconscientes; os possuidores de alguma consciência e lucidez; os que são lúcidos, porém não gozam de liberdade, por serem maus; finalmente os que possuem conhecimentos suficientes e evolução que baste para realizarem a passagem em certo grau de consciência, libertando-se logo do período quase geral e obrigatório da adaptação ao novo meio e recebendo novos encargos de colaboração na obra geral.

— Mas então, perguntei: após a morte física não se pode gozar de repouso algum? São inverídicas as promessas feitas neste sentido pelas religiões do mundo?

— Ora, ora, meu caro irmão; porventura você ignora que as religiões da Terra em geral ensinam "verdades" muitas vezes simplesmente supostas, alimentadas pela fé cega e, em muitos pontos, afastadas das verdadeiras realidades?

Se você aprendeu alguma coisa de espiritualismo ou, melhor ainda, de Espiritismo, deve saber disso como também que, para o Espírito que quer progredir, preciosos são todos os minutos de que pode dispor para o serviço dos seus semelhantes, único meio seguro de chegar mais depressa aos pés do Divino Redentor. A vida espiritual, concluiu ele, exige esforço e constante vigilância .

— E esta Colônia destina-se unicamente a desencarnados da Terra?

— Somente a eles, visto que é uma Colônia situada no Umbral da própria Terra.

Enquanto falava atendeu a um chamado, trazido por um enfermeiro mas, antes de sair, disse-me:

— Estas questões todas serão esclarecidas aos poucos e não deve o irmão preocupar-se tanto com elas. Por agora o que deve lhe interessar em primeiro lugar é levantar-se desse leito, tomar conhecimento do mundo novo que o rodeia, fazer relações pessoais fraternas com seus habitantes e integrar-se nele, com a dádiva de alguma ocupação justa e útil.

— Isso para mim, repliquei, será uma felicidade.

— Apresse-se então, porque, em breve tempo, vamos partir daqui; seu estado já permite isso. Até logo.

E sorrindo com bondade, afastou-se.

Essa conversa fez-me bem e animou-me consideravelmente.

IV

AS PRIMEIRAS ATIVIDADES

Desta vez demorou a voltar. Eu estava levantando, encostado à janela, olhando para fora, enlevado com a suavidade do crepúsculo naquela atmosfera purificada.

O movimento de pessoas crescia de momento a momento; julguei que era uma hora em que todos se liberavam de suas ocupações e saíam para fazer contato mais direto e amplo com as forças da Natureza.

Voltei-me e pela primeira vez examinei o lugar onde estava.

Era um quarto comum de doente. Um leito simples e modesto, e uma mesa de cabeceira, ambos de um material vítreo, leitoso e brilhante, e a um canto uma espécie de aparador contendo um vaso grande e raso, com flores. Estranhando sua espécie, que não conhecia, dirigi-me para elas e vi, surpreendido, que se voltavam todas para mim como que se oferecendo, com ternura. Fiquei tão emocionado com o fato, que chorei e lhes agradeci, falando como se elas fossem pessoas e, envaidecido, pensando que o faziam como uma homenagem pessoal a mim; mas, mesmo sabendo que eram simples flores, percebi que compreenderam porque voltaram a sua posição primitiva no vaso.

Nesse exato momento entrou Firmino e sorriu ao ver a minha perplexidade.

— Que é que o deixa assim chocado? perguntou.

— São as flores. Como são belas! Não posso explicar direito o que senti de enlevo e admiração, porque vi agora mesmo que elas compreenderam o que lhes falei. Como pode ser isso?

— Elas não compreenderam o que você falou mas sentiram a sua vibração amorosa. E fique certo desde já que as flores do nosso mundo espiritual sentem, sofrem, se alegram e respondem, com grande ternura, ao amor que lhes devotamos.

Mas deixemos isso para depois; é hora de partirmos daqui, mas antes disso, quero fazer-lhe pessoalmente algumas aplicações magnéticas ligeiras para que seu organismo não se ressinta de novas perturbações subjetivas provindas das emoções da passagem e da mudança de ambiente de vida. Concentre-se.

Concentrei-me revendo, em pensamento, os atos semelhantes que efetuava na Terra, nas sessões de Espiritismo, naquele bairro pobre onde morava, na grande metrópole paulistana.

Lá fora o céu estava cheio de estrelas, tantas, tão vivas e tão perto que tinha a impressão de poder tocá-las; isso produzia uma emoção profunda de coisas inabituais e uma grandiosa expressão de Deus, vivo, ali, presente, causando até mesmo um certo temor do infinito.

A atmosfera era tão límpida que nenhum embaraço causava à livre movimentação dos raios luminosos, que se cruzavam de uns astros para outros.

Tão embevecido estava ante aquela grandiosidade, que me esqueci de Firmino; paciente e compreensivo ele aguardava meu despertar até que, com o excesso da demora tocou-me ligeiramente no ombro, dizendo:

— Terá muito tempo, mais tarde, para contemplar o céu. Vamos agora.

Com um suspiro voltei-me e tão arrebatador era o espetáculo que, olhando em volta, achei tudo vulgar, mesquinho, aquilo mesmo que ao chegar à Colônia, se me afigurara um paraíso.

Assim é no Plano Espiritual, para os que se libertam das sombras do mundo material: grandiosidade, esplendor de luzes e de cores; beleza e amor.

O céu ostentava imenso fulgor; as constelações não eram simples aglomerações de astros, como se via na Terra e as nebulosas, simples manchas esbranquiçadas; suas cores eram vivas e palpitantes, formando verdadeiros vórtices de luzes.

O Cruzeiro do Sul e o Escorpião estavam tão destacados e tão nítidos, que pareciam desenhos luminosos, traçados no espaço por algum artista celestial.

E ali estava eu agora! Quase não acreditava; olhando aqueles astros cintilantes, naquele céu de esplendores vivos, profundo como um abismo, não conseguia situar-me, tão pequeno e ínfimo me julgava.

Firmino caminhava depressa e de passagem saudava e era saudado por inúmeros transeuntes que, despreocupadamente, vagavam pelas largas avenidas arborizadas formando, aqui e ali, agrupamentos alegres e rumorosos.

Via-se que naquela Colônia havia uma felicidade estável, desconhecida para os habitantes da Terra, por mais belo que fosse o lugar e mais civilizado o povo que o habitasse.

Não me contive que não indagasse:

— Por que todos aqui se apresentam alegres e felizes? Não haverá aqui ninguém que sofra?

— Sim: existem muitos que sofrem, e a menor parte deles, conscientemente; mas para estes, o sofrimento é um benefício, porque sabem que é assim, e também porque aqui vivem num ambiente de paz e de amor.

Percebi então que na Terra tal coisa não seria possível, porque ali predominam as paixões inferiores, dissensões de toda espécie, ignorância religiosa, materialidade negativa, egoísmo e agressividade.

Durante aquela caminhada eu sentia que meu coração se expandia numa incontida alegria e ardia em desejos de misturar-me àquela multidão, ouvir o que diziam, fraternizar com todos, trocando confidências sobre esperanças futuras. Mas Firmino caminhava sempre em linha reta, avenida afora, bordejando os grupos, sem se deter junto a nenhum.

Por fim, à direita, destacou-se um grande edifício profusamente iluminado de luzes azuis-claras que se projetavam também para o alto, formando uma belíssima cúpula acima da edificação majestosa.

— Eis que afinal chegamos. Este é o Departamento de Administração Geral da Colônia. Todos que aqui aportam são aqui trazidos, após o despertamento, para reconhecimento e encaminhamento.

Há coisas aqui interessantes de ver, sobretudo a amplitude dos recursos nos encaminhamentos. Mais tarde compreenderá isto.

Entremos agora.

V

NOVENTA DIAS FELIZES

Penetramos em um grande vestíbulo onde vinham dar dois lances opostos de uma escadaria em forma de meia-lua, com aberturas para baixo; construção majestosa, com substância translúcida e branca que, vista a distância, parecia mármore mas que, de mais perto, melhor lembrava o material plástico tão largamente usado na Terra, em inúmeras utilidades industriais e domésticas. Mas este tinha uma consistência muito mais delicada e possuía a notável qualidade de produzir som, quando tocado.

O movimento de inúmeras pessoas subindo por essa escadaria no lance do lado direito que eu observava, produzia sonoridades diferentes. Talvez, pensava eu, segundo o peso, o maior atrito dos pés nos degraus, ou das mãos, no balaústre. Era sonoridade agradável, harmoniosa e suave, uma espécie de som de caixa de música que soava sempre, sem parar, porque intenso era o movimento de visitantes.

— Qual a necessidade de existir esta escala sonora? perguntei, externando minha intensa curiosidade.

— Ela classifica as pessoas segundo o som que emitem. Isso facilita o trabalho dos vigilantes, que estão no patamar superior e que encaminham os visitantes para seus diferentes destinos de atendimento no edifício.

— E por que foi adotado tão singular sistema?

— Porque nesta repartição de trabalho deve reinar o mais absoluto silêncio e harmonia e a escada elimina a necessidade de atendimentos verbais.

— Mas ninguém desce; somente sobem; por quê?

— Porque a descida é por aquele lance da esquerda.

Olhei para aquele lado e vi que era verdade; por ali o movimento era também grande mas, só de descida, e notei também que naquele lance não havia emissão de sonoridade.

— Por que só neste lance há sonoridade? perguntei a Firmino.

— É bem simples: à descida ninguém precisa ser identificado.

Ainda estava meditando na explicação dada, quando começamos a subir e, desde logo, percebi a diferença pronunciada de sonoridade entre o som que eu emitia e o que vinha de Firmino; o meu era fraco, indistinto, como um chiado, enquanto o de Firmino era claro, forte e harmonioso.

Ainda sem compreender o problema perguntei:

— O que ocorre na escada para que estes sons sejam emitidos?

— O material da escada é sensível à tonalidade vibratória de cada pessoa que com ele faz contato. A vibração individual transmite-se ao material e vai incidir sobre lâminas acústicas colocadas no interior, no bojo da escada; os sons saem pelas aberturas circulares, que você pode ver no entroncamento dos degraus, na face vertical, fronteira a nós.

Realmente pude logo ver um retângulo cheio de furos circulares, colocado na face fronteira, vertical, de cada degrau. E então percebi que havia me enganado, quando julguei que o som era emitido conforme o peso ou o atrito provocado pelos visitantes; o verdadeiro motivo era então a sensibilidade do material à vibração de cada indivíduo.

Estávamos atingindo o topo quando ainda pude perguntar a Firmino:

— Como se dá o fato de o material absorver a vibração individual?

— Pela sintonia vibratória. Depois explicarei melhor; agora estamos em cima.

Havíamos parado de subir para Firmino explicar e agora recomeçáramos e estávamos em cima, no patamar superior e ali vi um funcionário idoso, de barba circular grisalha e um pequeno gorro, como um solidéu, na coroa da cabeça.

Atento aos sons, ia indicando diferentes direções aos visitantes que chegavam e, quando passamos, fez para Firmino um gesto amável, familiar, com a mão direita, continuando atento ao seu trabalho, sem mais preocupações a nosso respeito.

Firmino encaminhou-se para uma sala pequena, iluminada por luzes difusas e sem se preocupar com anunciamentos ou pedidos de audiência, sentou-se comigo em um amplo divã que ali estava, convidando a isso.

Depois de algum tempo fomos chamados à presença da entidade diretora do Departamento; nossa presença tinha sido anunciada pelo vigilante do patamar superior da escada.

Era uma figura majestosa, alta, morena, olhos grandes e penetrantes; vestia uma espécie de blusa branca, folgada, abotoada ao pescoço, como as usadas por médicos e enfermeiros na Terra.

— Folgo em saber que o irmão está se adaptando com notável facilidade, o que reverte inteiramente em seu benefício. E virando-se para Firmino determinou: ele que faça um estágio de adaptação social de noventa dias, com inteira liberdade individual e, após isso, um outro de colaboração em serviços humildes, no Departamento de Triagem e Curas, para que se integre bem, psiquicamente, às finalidades da Colônia, devendo, depois disso, voltar aqui para novos encaminhamentos.

Falava firmemente, sem rodeios, mas com delicadeza e bondade e percebi que vultosas eram suas obrigações funcionais.

Após algumas palavras de estímulo ao trabalho despediu-se dizendo:

— Espero em breve tempo poder encaminhá-lo a trabalho mais intelectual, que a sua contextura psíquica já está a requerer.

Firmino acompanhou-me de volta ao Departamento de Adaptação, fazendo as recomendações necessárias e dando-me, então, liberdade plena para visitar todos os setores de atividades da Colônia, fornecendo-me para isso um documento, que assinou, e que valia como um passe permanente.

❖

A partir desse dia minha vida foi um encantamento constante. Foram três meses admiráveis durante os quais gozei de uma felicidade, de uma euforia espiritual que seria impossível na Terra.

Por toda parte encontrava bom acolhimento, carinho, compreensão, auxílio; todos se esforçavam por me atender, ensinar, agradar, distrair. Conheci nesse período inúmeras pessoas, oriundas de muitas partes da Terra, que viveram em muitos países, falando muitas línguas e, conquanto conservassem ainda suas características de hábitos, costumes e tendências raciais e de nacionalidade, todas eram, todavia, conscientes de sua situação de momento, cultuadoras do mesmo sentimento de fraternidade, que sabiam dever reinar naquele abençoado lugar de socorro e aprimoramento espiritual.

Visitei jardins, lagos e bosques. Acompanhado por amigos solícitos realizei excursões a pontos afastados da Colônia, mas cujas fronteiras vibratórias, mais eficientes que muralhas, impediam que se passasse além: à medida que nos aproximávamos desses pontos, a vibração ia-se tornando cada vez mais densa, impedindo até mesmo de andar, e quando se insistia, um profundo mal-estar, com perda de visão e de respiração impossibilitava qualquer passo a mais.

Frequentei reuniões familiares e sociais, notadamente em casa de Bartow Bruno, onde o calor da fraternidade era imenso, espontâneo e puro. Nessas reuniões ninguém era recusado e a ninguém se inquiria sobre antecedentes pessoais; todos se irmanavam carinhosamente, como membros da mesma família, e notei que essa espontaneidade era, mesmo, um impulso natural dos Espíritos.

Para rapazes e moças, homens maduros e velhos, para todos o sentimento era o mesmo, de atenção, acolhimento, respeito, bondade.

Não compreendendo bem, procurei Firmino para que me esclarecesse. Ele disse:

— É justa e sensata a sua estranheza. Não são iguais, do ponto de vista moral ou social, todos os que habitam esta Colônia. Há setores que você, em breves dias, vai conhecer, e o ambiente vibratório em que vai se encontrar, é muito diferente do que está conhecendo agora. Os que são livres são melhores. Não se esqueça que na vida espiritual as aproximações se dão por sintonia vibratória; mesmo que um Espírito ame a outro, se não houver sintonia, não poderão viver juntos; aliás nem mesmo suportariam vida em comum. Isto só poderá ocorrer na Terra, que é um planeta de expiações e de resgates, onde os fatores materiais preponderam.

Então compreendi e procurei, daí por diante, afinar-me o mais que possível com aquela sociedade que frequentava agora, esforçando-me por emitir de mim mesmo os sentimentos mais elevados, os pensamentos mais puros; e com esse esforço, em breve tempo melhorei extraordinariamente a tonalidade vibratória.

Quando o estágio chegava ao fim procurei Firmino; queria integrar-me muito mais fundo naquela fraternidade adorável e adquirir méritos para isso.

— Cá estamos, prontos para o trabalho; foi a minha saudação.

— Muito bem, respondeu. Gosto desse seu entusiasmo e dessa disposição altamente louvável. Isto prova que você está mesmo em condições de realizá-lo. Já tenho instruções, afirmou, e vou levá-lo à irmã Natália. Vai gostar dela.

VI

ESTÁGIO DE INTEGRAÇÃO

Partimos satisfeitos e, quanto a mim, estava disposto a enfrentar qualquer trabalho, fosse qual fosse.

— Esse departamento para onde o levo, disse Firmino, é o mais movimentado da Colônia, o mais trabalhoso, o que exige maior paciência, humildade e sacrifícios. Penso que você possui todos estes predicados e vai obter completo êxito. Pelo menos, disse ele, olhando-me com carinhosa afeição, é o que espero que aconteça e olhe que não quero, de maneira nenhuma, decepcionar-me.

— Tal não acontecerá, respondi, em tudo quanto depender de minha boa vontade; prometo.

Daí a momentos entrávamos no departamento. Ao contrário das outras edificações que eram majestosas e de mais de um pavimento, este constava de pavilhões térreos, retangulares, de amplas dimensões, em número de três, paralelos e com a mesma frente. O do centro, onde entráramos, possuía uma parte (a da frente) destinada à administração e ali fomos recebidos pela referida irmã Natália à qual, a partir daquele momento, ficaria eu subordinado.

Era de estatura abaixo da média, encorpada e robusta, dando ideia de força física em plena atividade mas, olhando-lhe o rosto, o que se via era o tipo de uma mulher que muito sofreu, muito aprendeu e tudo compreende e perdoa.

Como vi, a partir desse momento, seu coração era um manancial inesgotável de bondade, paciência e carinho para todos mas, sobretudo, para os seus doentes e necessitados dos seus cuidados.

Quando ela, no seu giro, se aproximava deles, já começavam a melhorar e se esforçavam por isso, para vê-la satisfeita. O amor, portanto, era ali a terapêutica que operava mais depressa as reabilitações de corpo e Espírito.

Recebeu-me bondosamente mas, depois que conversou com Firmino e soube que não era uma visita, mas um colaborador estagiário, abraçou-me e disse:

— Você vem em boa hora, meu filho, pois estou precisando muito de colaboradores de boa vontade. Sente-se aqui, pediu, oferecendo-me uma cadeira. Tomou nota dos dados comuns de identificação e de capacidade funcional e, após a retirada de Firmino que, ao sair, abraçou-me desejando-me bom êxito, levou-me a percorrer os pavilhões.

Havia ali quase duzentos internados, todos eles sofredores em diferentes condições, mas sempre casos graves, conforme disse. Os que entravam vinham diretamente da crosta da Terra ou do Umbral, trazidos por caravanas do Serviço de Salvamento, sendo estes os casos mais graves e, os que saíam, tomavam destino não declarado porque o encaminhamento era da alçada de outro departamento.

No mesmo dia iniciei meu trabalho no pavilhão central, sob as vistas de Natália. O serviço era pesado: receber os doentes, higienizá-los antes de colocá-los nos leitos, cuidar deles individualmente, atender às suas necessidades físicas, tanto de alimentação como de higiene pessoal e, ainda, responder pela limpeza, purificação do ar, disciplina interna, etc. do próprio pavilhão, em rodízio com outros servidores. Nas horas de folga retirava-me para um cubículo modesto que me fora indicado e ali permanecia sempre à disposição, para casos de emergência.

Quando as necessidades do departamento começaram a aumentar com o afluxo cada vez maior de desencarnados vindos dos campos de luta na Ásia, que triplicaram as necessidades, então não havia repouso quase nenhum e o trabalho ficou, mesmo, fatigante; porém jamais demonstrei desânimo ou má vontade e desdobrei minhas atividades de tal forma que superei as próprias necessidades.

Mas chegou o fim do estágio e, no último dia, terminado o meu serviço retirei-me, como de costume, para o meu cubículo humilde, para repousar, e já estava ali havia algum tempo quando um servente aproximou-se pedindo que comparecesse ao salão anexo ao gabinete da diretora.

Acudi logo mas, ao entrar, percebi que se tratava de uma reunião geral de servidores, pois que os lugares estavam quase todos tomados; atravessei o salão e sentei-me ao fundo, aguardando.

Logo depois entraram Natália e Firmino.

Ela falou:

— Meus filhos. Convoquei-os todos para uma homenagem justa, e dou também como presentes aqueles que ficaram na vigilância dos doentes. Por isso nossa reunião será breve mas, tenho certeza que, nem por isso será menos expressiva e alentadora. Muitos têm passado pelo estágio nesta nossa seara de trabalho e de amor santificado, mas poucos, muito poucos o fizeram com tamanha dedicação, humildade, carinho e desprendimento de si mesmo como nosso amado irmão Luiz, que termina hoje seu compromisso, mantendo, de forma exemplar, as tradições cristãs desta casa.

Nossa reunião é para que todos vocês, meus filhos, se despeçam e guardem dele, nos seus corações, uma lembrança de imorredoura saudade e de exemplo dignificante. Desejo que algum de vocês, em nome de todos, dirija ao nosso irmão palavras fraternas de despedida.

Levantou-se então um servidor de idade madura e austero semblante, que jamais vira; disse o seguinte:

— Vendo como o nosso irmão trabalhou, quero contar um episódio do tempo da última guerra mundial na Terra.

E, após uma pausa, continuou:

— Naquele tempo, como agora, escasseavam trabalhadores, não porque não os houvesse, mas porque é sempre crescente o número dos desviados das leis santas de Deus. E quando a notícia correu, grande ansiedade nos tomou a todos, porque sabíamos o que iria acontecer, não só aqui, mas em todas as colônias de atendimento.

Nessa mesma noite dobrou o movimento das caravanas e também as necessidades do atendimento. A Administração Geral fez um apelo a todos os postos vizinhos pedindo trabalhadores, e inúmeros afluíram dedicando-se à construção e montagem do 3º pavilhão, que ainda não existia. Os postos de escuta enviavam informações constantes e foi dobrado e triplicado o número de Samaritanos, que passaram a agir diretamente no campo de batalha, utilizando-se de redes para conter exaltação furiosa dos contendores, mesmo depois de desligado do corpo físico. O 3º pavilhão foi edificado e aparelhado em dois dias e destinou-se ao atendimento desses pobres irmãos dementados. E à medida que os dias passavam, duplicava o trabalho, triplicava, centuplicava; e as repartições da Colônia se esvaziavam e até mesmo os diretores abnegados desciam aqui para o serviço ininterrupto, chegando a um ponto tal que nossa irmã diretora determinou que não haveria mais repouso para ninguém, hora nenhuma, de dia ou de noite.

Um servidor, porém, a interpelou-a, perguntando:

— E como poderemos suportar um esforço destes?

Ela respondeu, enérgica e cheia de fé:

— A força de Deus estará em nós e o Seu amor será o nosso alimento.

E noite e dia, como acontecia com a arca sagrada dos hebreus no deserto, uma faixa de luz dourada permanecia sobre os pavilhões, e trabalhamos assim sem repouso, dia a dia com maior esforço, sem sentir cansaço, nem desânimo, durante todo o tempo que durou a guerra.

Comparecendo agora a esta reunião, para homenagear o querido irmão que se retira, lembrei-me disso e quero pedir que esta homenagem seja estendida a todos aqueles que suportaram o trabalho heróico daquele tempo, estejam onde estiverem, para que, como o do nosso irmão que se despede, o nome deles jamais se desfaça de nossa lembrança e assim a tradição evangélica desta nossa casa se perpetue pelos séculos afora, como uma luz que não se apaga.

Terminando de falar, a assembleia fez uma poderosa vibração de amor e de saudade em benefício dos trabalhadores antigos. Natália bateu palmas e convidou para a prece final, que ela mesma fez pedindo as bênçãos de Deus para os servidores de boa vontade, que naquela casa davam testemunho de amor ao próximo. Depois a assembleia cantou um maravilhoso hino de exaltação à caridade e, com os olhos orvalhados de lágrimas, ela encerrou a comovente reunião.

Essa homenagem inesperada comoveu-me profundamente e esse estado emocional impediu-me de agradecer, como devia, o que somente pude fazer ao despedir-me da irmã Natália.

Ao sair disse-lhe que percebia o quanto de verdade ou de inspiração existe nas palavras dos dirigentes e instrutores que agem no setor evangélico na Terra, dos quais várias vezes ouvi dizerem que o Plano Espiritual devolve centuplicadamente os pequenos esforços que despendemos na difusão e na exemplificação do Evangelho de Jesus.

No dia seguinte, fui levado novamente por Firmino ao Departamento Geral. Era uma tarde serena e cheia de luz. Das amplas janelas da sala onde estava, via lá fora sob as árvores, ou nos amplos gramados, os grupos de pessoas em repouso, passeando, conversando, todos se refazendo ao ar livre, como eu tantas vezes também fizera.

Quando entrei em seu gabinete, a mesma entidade respeitável e benévola que já conhecia, estava tomando conhecimento do relatório pessoal enviado pela direção do departamento onde estagiara.

Olhou-me bondosamente, sorriu satisfeito e disse:

— Foi altamente proveitoso o estágio e julgo que o irmão pode agora passar a colaborar em serviços de maior monta. Tem alguma preferência nesse sentido?

Tomado de surpresa respondi que nenhuma preferência tinha e que seria feliz em cooperar em qualquer posto ou serviço.

— Muito bem; vejo que está bem integrado no conhecimento de suas próprias necessidades evolutivas atuais.

Meditou um momento e depois decidiu:

— Para favorecê-lo, ampliando seus conhecimentos, vou encaminhá-lo ao irmão Naranda e tenho esperança de que o campo das atividades novas que lhe assinalamos ser-lhe-á de alto proveito.

Entregou a Firmino, que havia voltado naquele momento, um documento cujo conteúdo não vi e, desejando-me boa sorte, despediu-nos.

À saída perguntei a Firmino qual meu novo destino.

— Ignoro; a ordem deve ter sido dada diretamente ao destinatário; aliás, acrescentou, o que passa daqui não é mais de minha alçada.

— Então, seja como for, quero agradecer o que fez por mim, desde o primeiro dia em que aqui cheguei. O afeto que demonstrou beneficiou-me bastante e peço a Jesus que lhe dê as compensações.

— Ora! Nada fiz e já estou bem aquinhoado com a sintonia amiga e pura que entre nós se estabeleceu. Lido com muitos, continuou ele pensativo, mas somente uns poucos me tocam de perto o coração.

Ainda levou-me pessoalmente ao instrutor Naranda, em um edifício um pouco fora da aglomeração central da Colônia e depois, abraçando-me, retirou-se.

— Já tenho instruções a seu respeito, disse o Instrutor e poderei levá-lo comigo a uma instituição educativa da Índia onde devo ir daqui a poucos dias. Aguarde o meu aviso.

Depois, sorrindo intencionalmente acrescentou:

— Penso que será uma compensação satisfatória depois do estágio pesado que fez em outro setor da Colônia.

Passei essa tarde em casa de Bartow, com Martin e sua graciosa esposa terrena e ali permaneci alguns dias até que recebi o chamado de Naranda.

Nessa noite meditei fundamente sobre as razões dessa excursão. Já sabia que Bartow era também um dos escolhidos mas, conforme me adiantara, não seguiria, preferindo aguardar outra oportunidade.

Meus argumentos eram estes:

Se ali em Cirineia havia tanto trabalho a executar e departamentos movimentados que eu ainda desconhecia, por que era destacado para realizar estudos fora?

Se era estímulo ou compensação pelo esforço feito na regeneração, não seria isso para mim um privilégio incômodo?

Seríamos ambos, eu e Bartow, elementos aproveitáveis para trabalhos de maior responsabilidade, mas ainda necessitados de mais apurada preparação?

E por que a Índia, se mesmo em nosso País de origem teríamos campos fecundos de novas experiências?

Razões sérias deviam haver, é claro, para esta resolução da Administração Geral.

Aqui, então (e no que me dizia respeito) compreendi: O Brasil era a futura Canaã pela sua predestinação evangélica;

quanto a Índia, esta fora o berço da espiritualidade para a Quinta Raça-Mãe, à qual pertencemos; e o Cristo Planetário tivera todas suas encarnações, menos duas, no Oriente.

Daí a conveniência de nos saturarmos das vibrações abençoadas dessa região histórica, para nos prepararmos com mais rapidez para os esforços das testemunhações a fazer de agora em diante.

E quantas vezes, na Terra, como aprendiz do Evangelho, não fizéramos vibrações em comum com as Fraternidades do Oriente?

Lembrei-me das palavras de Naranda: "que essa excursão para mim seria uma compensação satisfatória".

E realmente estava sendo.

VII

RUMO À ÍNDIA

À hora da partida o Instrutor, após as recomendações já citadas no Capítulo I, tomou-me a mão direita na sua e projetou-se para cima, arrastando-me e fendendo o ar transparente e quente daquela tarde de verão na Terra.

— Mantenha a ideia de que volita naturalmente e utilize fortemente a vontade, para conservar o ritmo do voo. É importante, insistiu.

Apelando para a minha vontade, ainda muito pouco desenvolvida, concentrei-me intensamente na ideia sugerida e notei, de imediato, que diminuía a pressão de sua mão na minha, o que indicava que já estava voando bem mais por mim mesmo, com suavidade e rapidez no espaço sem fim. Muito me valiam agora os exercícios feitos na Colônia.

Animado com isso ganhei confiança e lancei-me para diante com destemor, quase me atrevendo a soltar-lhe a mão, mas ele, percebendo o intento, recomendou-me prudência.

— Há imprevistos, disse, interiores e exteriores, que podem provocar surpresas e acidentes inesperados. Continuemos assim de mãos dadas ainda por mais tempo e, aos poucos, irei soltando sua mão, experimentando a sua própria capacidade. Além disso, sendo assim, terá você mais liberdade para observar as peripécias e os panoramas do voo.

Prestei atenção ao que ocorria na rota e vi que já haviam ficado para trás, nesses poucos instantes, as extensas aglomerações da metrópole e das cidades vizinhas e já estávamos sobre a fita sinuosa da rodovia que descia para a cidade praiana, que era o segundo porto marítimo do país. Com essa observação pude localizar Cirineia no Umbral da própria capital bandeirante, detalhe que havia esquecido de esclarecer anteriormente.

Lendo-me os pensamentos disse-me o Instrutor:

— Realmente, a Colônia, no Plano Espiritual, está fixada em local cujo meridiano é equidistante da capital e de duas cidades vizinhas, na rota do litoral.

Íamos em marcha muito lenta, justamente para que eu pudesse, como explicou o Instrutor, acostumar-me com as alturas e conhecer os lugares por onde passávamos. Os veículos motorizados deslizavam pela rodovia como minúsculos insetos, em filas intermináveis e, sem nos determos, atravessamos a cidade e nos lançamos audazmente para a frente, sobre o rumoroso oceano.

Em poucos momentos já nada mais se via que céu e água e aqui e ali, a distâncias muito irregulares mas sempre na mesma rota, navios e aviões, todos singrando solitários para os seus destinos.

Logo depois passamos por um navio petroleiro de grande porte, enquanto um possante avião, de quatro motores, roncava por baixo de nós, vindo de leste.

— Como são velozes esses aviões, pensei.

— Verá, em breve tempo, como isso é quase nada, respondeu o Instrutor, penetrando em meu pensamento.

— Desçamos um pouco, convidou ele; aproveite o ensejo para examinar o oceano mais de perto.

Olhando para baixo, bem na vertical, após termos descido umas centenas de metros, vi que enxergava muito além da superfície ondulante das águas, penetrando em grandes profundidades e percebendo com clareza a vida submarina e a movimentação tumultuosa de sua fauna multivariada.

Subimos de novo a uma cota de mais de mil metros e estávamos nos aproximando da costa africana, bem visível no nível do horizonte.

— Repare naquela espécie de nevoeiro, recomendou, lá embaixo, à direita, e que se estende sobre as águas.

Seguindo a indicação enxerguei logo um nevoeiro espesso, amarelado, sobre as ondas.

— É uma emanação fluídica nefasta que vem de corpos humanos mortos ali, em naufrágios de navios.

Como ficasse sem compreender a explicação, colocou a destra sobre minha fronte e comecei logo a ver no fundo do oceano, vários navios afundados, alguns já meio sepultados pela areia e pelo lodo e, nos seus bojos, lá estavam bem visíveis, inúmeros esqueletos humanos.

— Repare agora um pouco mais para a frente.

Com irreprimível surpresa divisei outros navios semi-enterrados nas mesmas condições e, sobre eles, no Umbral correspondente, várias construções rústicas, habitadas por Espíritos desencarnados, uns vestidos de roupas civis, homens, mulheres e crianças; outros, militares que passeavam empunhando suas armas, cumprimentando-se nos cruzamentos, com as continências de praxe.

E vi que nos navios estavam aboletados os marujos, com suas blusas e seus gorros, na faina de sempre, obedecendo ao comando enérgico de seus chefes, ou aos toques dos seus instrumentos de bordo.

Altamente surpreendido inquiri do Instrutor sobre quem eram e que faziam ali sob as águas tais Espíritos.

— O afundamento súbito de suas naves, pelas explosões de torpedos, na última grande guerra, não lhes permitiu uma transição normal para as esferas espirituais e sua ignorância sobre a vida extratumba mantém suas mentes presas às condições que lhes eram próprias na vida encarnada .Isto, aliás, como se sabe, é o que sucede com todos aqueles que não possuem conhecimentos espirituais verdadeiros, a lhes dar consciência prévia das coisas, após o desencarne. Estes embarcaram com destino certo e, como a ele não chegaram, continuam na ilusão de que ainda navegam, o mesmo se dando em relação aos que morrem em combate, na terra ou no ar.

— Conhecemos bem estes casos e tomamos parte em trabalhos de esclarecimento de Espíritos desajustados, comentei.

— Sim, de acordo. O Espiritismo, neste particular, realiza um trabalho muito benéfico e humanitário, trazendo à realidade esses Espíritos inconscientes; e esse benefício é muito mais amplo do que muitos supõem porque, para esses trabalhos, os benfeitores espirituais tangem inúmeros desencarnados nas mesmas condições e assim se recupera grande número de irmãos nossos infelizes, cujas mentes submersas profundamente na trama ilusória da vida que já foi e não é mais, permanecem impermeáveis aos esforços que são feitos para seu despertamento, em nosso plano.

O trabalho espírita, concluiu ele, feito por pessoas encarnadas, saturadas de vibrações do mundo encarnado, abre uma brecha nas mentes fechadas, também saturadas das mesmas vibrações, e fá-los despertar para as realidades do mundo diferente onde estão sem o saberem.

— Não me é estranho este conhecimento. Os instrutores espíritas na Terra chamam sempre a atenção dos neófitos para este fato.

Continuando, o Instrutor acrescentou:

— Há verdadeiras cidades marinhas, onde se aglomeram os afogados, vivendo em comum, numa ilusão que perdura, às vezes, séculos. Organizam-se para viver, e obedecem a chefes que os dominam e são, a seu turno e muitas vezes também, dominados por Espíritos voltados ao mal, que sobem do reino das trevas em busca de escravos.

Mas vamos deixar este desagradável assunto para ocasião mais oportuna e preparemo-nos para transpor os desertos africanos do norte do continente.

Instantes depois singrávamos bem alto sobre Dacar; subimos pelo deserto da Mauritânia; atravessamos o Saara, a Líbia, o Egito na altura do Delta; depois o lendário Mar Vermelho, as sagradas terras da Palestina e da Arábia, com seus imensos desertos de areia; prosseguimos sobre a Pérsia, o Afeganistão, o Paquistão e, finalmente, penetramos no território da velha Índia, com suas montanhas enormes e impenetráveis florestas.

Nossa rota nos fez atravessar a costa de Malabar, onde se planta a cidade de Bombaim, moderna e movimentada, refúgio derradeiro dos remanescentes zoroastrinos — os parsis — emigrados da Pérsia há muitos séculos e que ali se dedicam ao comércio e às profissões liberais, gozando de alto conceito público, pelas suas tradições histórico-religiosas e pelas suas riquezas.

Sem nos determos alcançamos mais adiante as margens do Rio Djumna, na cidade de Allahabad e minutos depois atingimos a nossa meta, a cidade de Benares, às margens do Ganges, bem ao centro-norte do país maravilhoso que é a Índia.

VIII

O TEMPLO DA FRATERNIDADE HINDU

Em um ponto entre Benares e a confluência do Djumna, no Ganges, via-se um templo de três zimbórios, o do centro mais elevado; à frente uma ampla entrada em colunatas laterais e duas outras menores, no mesmo estilo, aos lados, formando três corpos; os zimbórios eram dourados, brilhando ao sol e rematados em cima por uma flecha bem alta, com emblemas em círculo.

Estava construído bem no meio do rio; era de grandiosa aparência, com uma altura de cinquenta metros aproximadamente. Entre os dois zimbórios laterais, em um passadiço aterraçado, dois faróis de grande potência varriam as imediações, em todos os quadrantes e sua faixa de luz poderosa perdia-se ao longe, no horizonte escuro.

Todas estas observações as fiz a distância, antes de descermos e me pareceram corretas.

— Este templo, esclareceu o Instrutor, é a sede central da Fraternidade dos Irmãos Hindus, não existindo projeção dele no plano material, por ser desnecessário.

Mas vamos descer.

Num instante descemos; rodeamos o Templo para fugir da multidão aglomerada à frente, e penetramos em seu interior por uma porta pequena, disfarçada na parede, entre dois leões em pé, um frente ao outro.

A construção era de material claro, muito sólido, opaco, com ornatos em relevo cinza-claro.

Entramos em um vestíbulo muito amplo, em continuação do qual se via um enorme salão ou nave. Ficava na ala lateral direita do Templo e o centro do vestíbulo correspondia ao centro do zimbório, donde se filtravam inúmeros raios de luz multicolor.

No centro, sobre um pedestal cilíndrico de uns dois metros de altura, estava uma enorme estátua de Shiva, o deus hindu da destruição e da renovação, ostentando os seus quatro braços. Impressionava sobretudo pela vivacidade das feições do rosto e pela disformidade da figura.

Sentei-me em um catre ao lado, chocado pela grandiosidade física do ídolo, mas o Instrutor, lendo o meu pensamento, como sempre o fazia, esclareceu com nobre austeridade:

— Há representações de divindades que nada mais exprimem que os impulsos humanos inferiores, e lhes dão vazamento; mas há também outras, de elevada significação espiritual, símbolos reverenciáveis que representam, na forma visível, o fenômeno transcendente da criação cósmica, muito acima da compreensão do homem comum. Este é um deles e nos põe constantemente sob os olhos, como numa espécie de rememoração, a grandeza do Absoluto e a irrecorribilidade de suas leis, sábias e perfeitas.

O que é criado se renova e se destrói, ininterruptamente, pelos milênios afora, e este símbolo que vê, do deus Shiva, representa esse movimento da eterna criação divina.

Se a representação objetiva é grosseira, como você julgava, por ter sido feita por homens, o que ela representa, todavia, é perfeito, verdadeiro e grandioso.

Renove, pois, seus pensamentos e arme-se de compreensão e de tolerância, sem julgamentos prévios, precipitados e levianos, se quiser penetrar no âmago das tradições espirituais dos homens da minha raça que, talvez o ignore, tem nas almas uma grande força potencial de adoração ao que é divino.

Envergonhado e contristado por julgar haver ofendido, com meus pensamentos negativos e imperfeitos o bondoso Instrutor, atenciosamente ponderei:

— Aprendi, ao estudar espiritualismo na Terra, a renegar imagens e outras figuras materiais e esse foi, naturalmente, meu primeiro impulso, ante uma figura tão impressionante como esta do deus Shiva; mas o segundo é o de agradecer-lhe humildemente o ensinamento que me deu e que completa meus conhecimentos neste assunto.

— Folgo que haja compreendido que minhas palavras não representam reprimenda, mas simplesmente, ensinamento.

Após estas explicações, que calaram fundo no meu entendimento, rodeamos o pedestal e, por uma abertura disfarçada, penetramos no seu interior. Era muito amplo e em um dos lados existia uma escada que levava a um pavimento inferior, no subsolo; descemos por ela e penetramos em um vasto recinto, com duas ordens de colunas laterais, e mobiliário próprio de sala de conferências; atravessamo-lo e defrontamos com uma cortina espessa, formada de material leve e flexível, cor de âmbar, para a qual o Instrutor se dirigiu e a cuja aproximação ela se abriu por si mesma, dando acesso a uma passagem para outro recinto.

Notando minha admiração o Instrutor explicou:

— Este material é sensível às ondas mentais; desejei que a cortina se abrisse automaticamente, projetando sobre ela uma onda que agiu, comparando mal, como uma rajada de vento. Nas esferas do astral, prosseguiu, estas coisas são naturais, pois estamos vivendo imersos em oceanos de forças e fluidos de muitas espécies, quase todas sensíveis e plasmáveis e a mente, suficientemente educada, exerce sobre elas comando espontâneo. Compreendeu?

— Penso que sim, respondi, lembrando-me das escadas de Cirineia, que absorviam e retransmitiam sons.

Entramos em um conjunto de peças de natureza familiar e vi logo que se tratava de alojamentos para servidores ou visitantes: um leito, uma pequena mesa, com implementos para escrever e um livro que, no momento, não abri. Junto a mesa, embutida na parede polida e brilhante, uma abertura como um bocal, fechado por uma lâmina circular perfurada como o crivo de um chuveiro, que percebi ser um dispositivo de comunicação interna. Vi logo depois como funcionava. Os sons das palavras acionavam dispositivos invisíveis. Logo depois funcionou: era Naranda que me dizia:

— Durma em paz. Procurá-lo-ei amanhã cedo. Boa noite.

Mais tarde um servente trouxe uma jarra com suco de frutas e depois dormi.

IX

PRIMEIROS CONTATOS

Na manhã seguinte, mal rompeu o dia, o Instrutor levou-me a assistir a chegada e o encaminhamento de necessitados, que já se aglomeravam, em grande número às portas do Templo, como sucede na Terra nas casas de assistência.

Era um setor independente e funcionava em uma espécie de galeria, com um lado aberto para um pátio ajardinado, iluminada intensamente de luz verde. Três postos de atendimento constando, cada um, de um chefe, dois auxiliares técnicos e dois serventes, para usar a terminologia terrena.

O primeiro caso a que assistimos foi o de um velho alquebrado, e que mal se arrastava, apoiado aos braços de dois serventes. Tinha o olhar esgazeado, fundos vincos na face e sinais evidentes de forte depressão. Viam-se extensas manchas escuras no solar, no cardíaco e em volta da cabeça, como uma cercadura.

Os Centros de Força[5] sem exceção, apagados e, do seu cérebro, fios escuros partiam juntos, na mesma direção, para longe.

O atendente com certeza já tinha visto tudo isso pois que, virando-se para mim disse:

— O irmão viu tudo muito bem, naquilo que sua capacidade alcançou. Para agir com método vamos ficar neste ponto, para depois prosseguirmos.

Disse a um dos auxiliares técnicos:

---

[5] Chacras ou rodas, termos orientais, que designam os centros de força do perispírito, que é o termo preferido no Espiritismo. São estações de recebimento e distribuição de energia cósmica situadas no Corpo Etéreo.

— Niyma, entrego-lhe este doente e o nosso irmão visitante. Mostre a ele quais os recursos que temos, para estas necessidades de reequilíbrio psíquico.

O auxiliar transportou o doente para uma das saletas fronteiras e os acompanhei, curioso.

O doente foi levado a uma câmara sanitária anexa donde, momentos depois, regressou com uma túnica branca ampla, amarrada à cintura com um cordel azul, sandálias de tecido rústico, muito cômodas, em cujas solas havia (como vim a saber depois) dispositivos contendo elementos atrativos para energias magnéticas.

Subiu a um estrado semelhante a uma balança romana, das usadas na Terra mas que, ao invés de uma haste graduada para pendurar os pesos, um braço subia à altura de meio metro, mais ou menos, contendo uma série horizontal de janelinhas quadradas, fechadas à frente por portinhas de cores diferentes, transparentes e, logo acima desse mostrador horizontal uma série de tubos curtos, numerados de um a vinte.

Quando o doente subiu no estrado acendeu-se uma janelinha de cor cinza-clara ao mesmo tempo em que o tubo correspondente emitia um silvo grave; era o tubo nº 4. O auxiliar tomou suas anotações e disse-me:

— Deve o irmão saber que a cor cinza é de valor qualitativo inferior, o mesmo ocorrendo com o tônus vibratório indicado pelo nº 4.

— Estou entendendo, respondi logo.

— Isto quer dizer que este doente, do ponto de vista evolutivo, está bastante retardado, o que, aliás, é confirmado pela sua ficha de identificação pessoal, onde consta ser um camponês rude, duma região do país onde predominam cultos primitivos, materializados.

Mas vamos prosseguir, e continue a observar.

Entramos em uma segunda câmara e vimos que o doente havia sido introduzido em um cubículo de meia altura com paredes vítreas, transparentes; sentava-se ao centro em uma banqueta sem encosto e, a um sinal do auxiliar o servente moveu uma alavanca exterior e, imediatamente o cubículo foi sendo atravessado por radiações luminosas cinza-claro, depois cinza-azulado; de cada vez que o servente movia uma alavanca, mudava-se a cor das radiações, numa escala de valores ascendentes, do cinza ao dourado e, deste ao branco puro, passando, assim, por toda a escala cromática.

A cada mudança o auxiliar anotava as alterações havidas na área do corpo físico — perispírito — e, quando o teste terminou, virou-se para mim satisfeito e disse:

— Observe agora o doente e compare com o aspecto que tinha quando aqui chegou, há pouco.

Com grande admiração observei que o perispírito estava limpo, eliminadas todas as manchas e impurezas.

O doente foi então mudado para outra caixa transparente; o servente moveu alavancas e botões e poderosas ondulações coloridas, de vermelho-vivo, vindas do fundo da caixa, subiam pelas pernas e pelo tronco, ativando a circulação, movimentando centros de força inativos que, em seguida, passaram a funcionar normalmente, emitindo e recebendo energias, (raios e ondas). Era belo de ver-se como esses centros de força fulguravam, emitindo luminosidades multicores, uns mais, outros menos, mas todos demonstrando forte vitalidade, que subia pela coluna e daí se espalhava por todas as ramificações nervosas do organismo físico, enquanto o cérebro, pelo coronário, ia se expandindo visando a ligação com o Plano Espiritual.

Os fios escuros que dali partiam para fora incandesceram e, como um estopim, o fogo foi caminhando com extraordinária rapidez até os pontos de origem situados na Terra; o primeiro no cérebro de uma camponesa que tinha ódio ao doente e, outro, no altar de um templo rústico de aldeia, aos pés de um ídolo de barro, envernizado de preto, nu, reluzente, que pisava na cabeça duma serpente.

— Estas foram as partes da vidência que escaparam ao nosso irmão, disse o auxiliar, que representavam ligações perniciosas e foram eliminadas agora.

Quando o doente saiu dessa caixa vi que não mais claudicava, nem arrastava os pés; estava, agora, cheio de vida e pisava firme e dominantemente.

— Falta-nos agora somente verificar sua situação cármica, mas isso é atribuição de outro setor, concluiu o auxiliar.

Aproximou-se de um orifício de metal embutido, como aquele que eu já vira no alojamento em que pernoitara, e falou com a repartição competente, onde a ficha pessoal do doente já havia sido examinada e obteve a resposta desejada: "carma em pleno curso, por vários atos de violência e impiedade, frutos de ignorância religiosa".

O auxiliar escreveu na ficha a resposta e determinou ao servente encaminhar o doente para setores de esclarecimento.

Enquanto ocorriam as mudanças de cor e de teor vibratório, refletindo-se nitidamente no perispírito do doente, recordava nossos trabalhos de atendimentos na Terra, nos quais os servidores e médiuns, postos em "correntes de cura", operavam os mesmos processos, utilizando fluidos e vibrações coloridas, juntamente visando obter sanidade do perispírito pela eliminação dos fluidos pesados e venenosos que o afligiam.

Agradecemos e voltamos ao nosso alojamento para coligir estas notas sobre o trabalho, tão interessante e eficiente, no campo da recuperação de doentes em geral. Pelo sistema observado compreendi que era um atendimento de caráter duplo, material e espiritual, como ajudara a executar na Terra, este naturalmente que em ponto muito menor e mais precário de resultados. Muitas conclusões poderiam ser tiradas depois por um exame mais demorado do sistema.

X

NO DEPARTAMENTO DE AUXÍLIO

Pouco mais tarde, prosseguindo a visita, entramos em uma vasta câmara onde vimos, a um só golpe de vista, mais de uma centena de leitos, ocupados por doentes que pareciam adormecidos.

— São doentes tuberculosos que permanecem sob nossa guarda; que recolhemos aqui e nos demais postos de socorro da Fraternidade, para recuperação. Esta, aliás, é uma de suas finalidades, isto é, funcionar como um posto de socorro, informou o Instrutor.

— Por que de preferência tuberculosos?

— A grande pobreza deste país imenso, possuidor de uma população enorme; a falta de alimentação adequada; os constantes períodos de fome; o clima quente e, em muitos lugares inóspito; a falta de hospitais e de conhecimento de caráter religioso; enfim uma série de circunstâncias conhecidas, determinam um alto índice de óbitos por tuberculose.

— E por que disse que a Fraternidade os guarda aqui?

— Folgo que haja notado esta sutileza de expressão. Conquanto nossas atividades se estendam a todas as classes da sociedade, dedicamo-nos especialmente aos **párias**[6].

Como sabe, a vida social deste país teve base na instituição das castas, que eram quatro, a saber: os **brahmanes**, ou sacerdotes; os **chátrias**, guerreiros; os **vaiycás**, mercadores; e os **sudras**, a plebe. Toda a população estava separada em castas e, dentro delas e respectivas subcastas, todos gozavam de perfeita garantia e segurança. Mas havia ainda os infelizes que não possuíam casta — os **párias** — conhecidos como **intocáveis**, um refugo

[6] Marginais sem classificação social atualmente reabilitados.

social destinado aos trabalhos mais grosseiros e desprezados, no campo e nas cidades, sujeitos às mais detestáveis condições e vivendo em agrupamentos afastados dos demais.

Nós aqui os recolhemos e os guardamos e, à medida que se vão recuperando de seus desequilíbrios e doenças, vão engrossando as nossas fileiras, transformando-se em excelentes e dedicados servidores da humanidade.

— Belíssima obra essa, exclamei, não escondendo o meu entusiasmo; e como ela se enquadra no exercício da caridade cristã, pregada pelo Divino Mestre Jesus, redentor do mundo!

— Os ensinamentos do Messias hebreu, comentou com gravidade o Instrutor, são os mesmos que periodicamente foram pregados na Terra por outros enviados, desde tempos remotos, todos eles missionários respeitáveis do Cristo Planetário. O vosso Jesus é também nosso e seu Evangelho é também para nós o mesmo roteiro de ação nobre, justa e perfeita. Consideramos Jesus de Nazaré um dos mais altos e autorizados enviados divinos, no esforço sublime de redimir a humanidade.

Enquanto dizia isso, vi que de seu tórax, irradiava-se uma intensa e súbita claridade que o envolveu todo, tornando-o quase invisível aos meus olhos. E aos poucos, voltando daquela efusão espiritual provocada pela transcendência do assunto, acrescentou bondosamente:

— Vá repousar agora e prosseguiremos um pouco mais tarde. Aguarde o meu chamado.

Em silêncio, no alojamento que me fora reservado, meditei calmamente sobre os termos empregados por Naranda para referir-se a Jesus e concluí que ele considerava (como em geral os iniciados maiores) que os avatares messiânicos são todos eles a mesma entidade espiritual da elevada classe dos "Amadores", Espíritos crísticos, encarregados da orientação evolutiva e redenção de humanidades planetárias.

Aliás, o resplendor luminoso que lhe surgiu do tórax ao pronunciar o nome de Jesus, confirma essa suposição.

XI

PERDA DE FORMAS

Mais tarde recomeçamos no pavilhão dos graves, situado no mesmo departamento, com saída para um grande pátio central, adornado com palmeiras anãs e lindos gramados.

Ao escrever este capítulo lembro-me de Platão, o mestre grego, discípulo de Sócrates, que admitia, em parte, a metempsicose. Dizia ele nos livros *Timeu e Phedra*: "A alma de um homem pode passar para o corpo de um bruto e regressar para o corpo de um homem, contanto que, anteriormente, tenha sido homem."

Em *A República*, cap. X, ele relata estes exemplos tirados da boca de um soldado armênio, dado como morto numa batalha e depois ressuscitado (sic): "a alma de Orfeu, após a morte, escolheu a condição de um cisne, por ódio às mulheres que lhe haviam dado a morte, não querendo mais nascer de nenhuma delas. Thamiris escolheu a condição de um rouxinol. Ajaz, filho de Telamon, que não queria reentrar em corpo humano, por se lembrar da afronta recebida no julgamento sobre as armas de Aquiles, escolheu a condição de um leão. Agamenon, por ódio ao gênero humano, tomou a condição de águia, e Ulisses, o sensato, escolheu a vida tranquila de um homem particular".

Citando estes fatos Platão esclarece que "isso pode se dar quanto ao corpo, mas que a essência psíquica não recua, permanece e progride".

Essas concepções eram também aceitas pelas mitologias egípcia e hindu. Quanto a esta, o Código de Manu o codificador do Brahmanismo, admite "que os homens violentos podem se reencarnar como um leão ou tigre; o perverso e astuto, como raposa; o pacífico e bondoso, como um boi; o afetuoso e fiel, como um cão, etc."

Lembrei-me também da concepção espírita, que não aceita tais teorias e ensina que as reencarnações se dão na categoria à qual a alma pertence, sem transposições; homem reencarna como homem, animal como animal.

Mas, voltemos à narrativa anterior.

O pavilhão em que estávamos não diferia muito dos que já conhecia, inclusive no número de leitos: uma centena, no mínimo. A única diferença notada foi que uma terça parte, na extremidade esquerda, era separada por uma parede leitosa, brilhante, comportando leitos colocados dentro de divisões individuais.

Apontando os leitos o Instrutor explicou, dizendo:

— Estes doentes, na quase totalidade, são retirados do Umbral inferior e da subcrosta por caravaneiros membros da Fraternidade e são casos sempre dolorosos e graves. A falta de aconchego humano e de orientação religiosa satisfatória, criou nestas almas resíduos venenosos, que os levaram à prática de atos condenáveis, quando encarnados; e isso lhes reduz a culpa em pequena parte.

São Espíritos que se dedicaram ao Mal na Terra: bandoleiros, salteadores, que infestaram os caminhos do norte, no Nepal e no Tibet e que, durante séculos, foram o terror dessas veredas, praticando toda sorte de assaltos, assassínios e outras iniquidades.

São seres à parte, impermeáveis ao Bem que não acompanham a evolução do mundo. Observe-os.

Aproximei-me dos leitos: os ocupantes pareciam adormecidos mas, a uma observação mais apurada, verifiquei que estavam inconscientes, como que anestesiados. Estes Espíritos, continuou o Instrutor, após o desencarne caem nos mundos trevosos e são por nós retirados dali para evitar que, ao contato com entidades semelhantes ou ainda piores, optem conscientemente pelo Mal e prossigam na queda, sem mais possibilidades imediatas de recuperação.

— Esta inconsciência dos doentes é permanente?

— Sim; hibernam, inconscientes, por tempo indeterminado, até que a espiritualização do ambiente, as projeções vibratórias que lhes aplicamos diariamente e outros recursos magnéticos, produzam as reações esperadas, no mais íntimo do seu psiquismo, ainda muito primário e insensível, levando-os mais tarde ao despertamento com tratamentos mais específicos e rigorosos.

Aproximando-me novamente vi que não demonstravam a menor manifestação de vida, nem mesmo respiravam; eram realmente cadáveres.

— Quanto tempo ficarão assim como mortos? Repeti a pergunta.

— Não sabemos. Há movimentos e reações internas do psiquismo que nos escapam e não podemos controlar.

— O instrutor espiritual André Luiz, a quem já me referi antes, em suas obras[7], apresenta casos semelhantes de retro hibernação.

— É natural; isto ocorre em muitas circunstâncias e lugares. O nosso irmão citado, talvez por achar o caso interessante, focalizou-o em seu belo livro.

— Pelas datas de entrada destes doentes, insisti ainda, não se pode formar uma ideia do tempo da inconsciência?

— Os primeiros destes, aqui presentes, entraram no primeiro ano da fundação deste Templo há mais ou menos duzentos anos.

---

[7] *Libertação*, cap. 7; *Evolução em Dois Mundos*, cap. 12 e 15. (Nota da Editora).

— Espantoso! E que fazem estes Espíritos durante o tempo de hibernação?

— Embrutecidos, vegetam.

Eu estava perplexo. Nunca poderia acreditar em um sono de dois séculos! Agora via com os meus olhos.

Mas o Instrutor, sorridente, compreendendo a minha estranheza, esclareceu dizendo:

— Você não está levando em conta o fato de que na vida espiritual, o tempo não conta. O que faz perceber o tempo é a sucessão dos eventos, isto é, tal coisa aconteceu antes ou depois de tal outra, compreende? Qual o tempo que passou depois que aqui chegamos?

Tomado assim de surpresa não pude responder e então lembrei-me que, desde a entrada na Colônia Cirineia, não me preocupara mais com marcação de tempo, nem vira jamais um relógio.

Vendo o meu embaraço ele sorriu e disse:

— Aplique a regra de contagem que ensinei agora mesmo.

Tentei fazê-lo mas, como nada tinha anotado, só poderia lembrar-me dos pontos principais. E, mesmo assim, como poderia expressar a contagem? Concluí então que, realmente não há contagem de tempo ali, pelo menos pelos sistemas usados na Terra.

— Como, então, declaraste ainda agora pouco, que fazia duzentos anos que este Templo fora fundado?

— Expressei-me em linguagem da Terra para que me compreendesse.

Mas, vendo a minha perplexidade, acrescentou:

— Vamos prosseguir na visita e, para tirá-lo de embaraços, explico que nosso sistema tem base no intercâmbio mental e nossos registros, por exemplo, históricos, se fazem pelas gravações etéricas.

Dito isso atravessou o pavilhão de ponta a ponta, até a extremidade esquerda onde havia, como já disse, cubículos individuais fechados e separados do ambiente geral.

Abriu várias portas e mostrou, um a um, os doentes ali confinados, deitados em leitos alvos, sob a vigilância de enfermeiros atentos. Sofriam, como disse, de crises violentas de animalidades que, às vezes, exigiam contenção física.

— Todos são casos difíceis e dolorosos, explicou, dentre os que enumerei antes, mas quero mostrar um dos piores, que serve à edificação das almas empedernidas, pelo muito que impressionam, atemorizam e estarrecem a razão humana.

E enquanto falava, abria lentamente a porta de um dos cubículos mais afastados e de construção mais reforçada, como era visível. Entrei na frente e vi sobre o chão um ser diferente; seria humano? Estava deitado, enrodilhado em um dos cantos, mas logo se levantou sobre quatro patas, quando nos percebeu. Semelhava-se a um lobo, com o focinho comprido, e os lábios arregaçados, numa espécie de sorriso alvar, mostrando os dentes; mas seu olhar — coisa incrível — não demonstrava ferocidade alguma mas, muito ao contrário, era afável, humano, inteligente; via-se nele agora, além disso, uma alta expressão de malícia ou zombaria e, tão intensa, que nos fazia esquecer de suas formas animais de lobo, cuja pelagem avermelhada brilhava à luz do sol, que entrava pela janela. Levantou-se nas patas traseiras, abriu os braços lateralmente e caminhou para o Instrutor como a querer abraçá-lo, mas este, delicadamente, colocou sua mão direita sobre sua cabeça e ele, então, recuou de rastros para seu canto, rosnando surdamente, como atemorizado ou contrariado e enrodilhou-se novamente no chão, olhando para nós de revés.

Após sairmos, o Instrutor encarou-me sério e guardou silêncio esperando, creio, minha infalível interrogação.

— Que animal é este? Por que está aqui misturado com os homens doentes?

E a resposta surpreendente, incrível, foi esta:

— Por que não é um animal, é um homem.

— Um homem? Com essa forma de lobo?

— Sim, um homem. Este é um dos casos de degenerescência psíquica, capítulo misterioso e surpreendente do Livro da Criação. Por pertinácia inalterável e deliberada nas transgressões e na maldade, o ser humano degenera e retroage, modificando, inclusive, a forma exterior que já havia, com esforço de milênios, atingido na evolução.

— Mas então, exclamei, estupefato, a metempsicose, repudiada por todas as doutrinas e religiões ocidentais é uma realidade? O homem pode voltar a ser um animal, por cujo reino já passou muito antes? E não cabia em mim do espanto.

— Calma, meu amigo, pediu o Instrutor inalterável. Estes assuntos delicados devem ser examinados com a mente tranquila e varrida de pressuposições, se quiser atingir a verdade das coisas.

Se a volta do Espírito humano às formas animais, pelas quais já evoluiu, não é aceitável no plano encarnado no qual, por força da organização genética, um homem nasce sempre um homem e não pode sofrer involução fora do seu reino, o mesmo, entretanto, não se dá neste plano espiritual em que estamos agora.

Aqui, prosseguiu sentencioso, o Espírito tem a forma que corresponde a sua própria condição espiritual e sua mente, por consequência, é a matriz da forma. Aqui o Espírito se apresenta como é na realidade, sem os disfarces do corpo denso. Se o Espírito é feroz, violento, a forma não pode ser de uma borboleta... A mente é criadora, e é nisso que nos assemelhamos a

Deus. E cria segundo suas próprias condições, características e possibilidades psíquicas e não poderia fazê-lo diferentemente, mesmo que o quisesse.

Este plano em que estamos aqui, é o plano das paixões, dos desejos e das emoções livres e a mente, sempre ativa, cria as formas que correspondem ao que o Espírito sente e ao que é na intimidade do seu psiquismo. Compreende?

— Sim, compreendo, mas é sempre terrível a possibilidade do retrocesso. Não há, então, garantia alguma para a mantença das conquistas da evolução?

— A garantia, meu caro discípulo, é a atividade ascensional constante no sentido do Bem. Isto, aliás, é o que o Evangelho do Messias hebreu ensina. Não ensinou que os maus irão para as trevas exteriores e os bons para as glórias do Reino de Deus? E porventura admite que o Absoluto possua recursos restritos ou falíveis de contenção, para os transgressores de suas leis eternas e universais?

— Mas onde fica, então, a misericórdia de Deus?

— Ela sempre se exerce na Criação, mas não pode ser superior à Justiça.

— Mas aprendi que a lei maior é a do amor.

— De acordo. Mas sem a justiça esse amor seria arbitrário, desgovernado, infringindo o exercício das leis divinas que são sempre eternas, imutáveis, irrecorríveis.

Como eu ficasse chocado com essa argumentação tão positiva ele continuou, dizendo:

— O próprio Messias não pregou o amor e não morreu na cruz por amor à humanidade?

— Sim.

— Pois também nunca deixou de exercer a justiça e, no próprio discurso final, quando anunciava seu holocausto de amor na cruz, para redenção do homem, não apontava ao mesmo tempo, a execução da justiça divina na separação dos bons e dos maus?

Vê pois, meu caro discípulo, que as leis de Deus, como já dissemos, não se exercem em ação isolada, unilateral; são completas, perfeitas e reciprocamente solidárias e harmônicas.

Depois de uma pausa continuou, sempre incisivo:

— Aqui estamos perante muitos dos que, pelo exercício do mal, foram relegados às trevas exteriores, onde há choros e ranger de dentes e para todos os que querem se purificar e ascender na rota, esta é uma demonstração poderosa e viva do poder de Deus e de sua justiça.

Este ser que acabamos de ver, foi localizado e caçado nas regiões trevosas, não porque fosse um transgressor mas porque era um homem degenerado, que perdera sua forma humana. Com que forças e poderes iria ele contar para se reabilitar? O caso nos interessou, não só por um princípio de caridade mas, também, porque era uma demonstração viva dessa realidade da perda da forma.

Há cinquenta anos que isto sucedeu e, conquanto não haja ainda melhorias aparentes, já vamos notando certas pequenas alterações, como sejam: maior brilho inteligente nos olhos; mais delicadeza nos gestos, com esforço evidente de contenção dos mais impulsivos; esforço visível para expressar-se de forma diferente que latidos, rosnados, uivos; tudo isto denotando uma volta do Espírito à recordação da vida psíquica anterior; submetido periodicamente a exames de tonalidade vibratória, este tem confirmado essas sutis diferenças.

— Mas tem-se o direito de mantê-lo afastado do seu ambiente natural, o que, na certa, lhe trará deficiências físicas?

— Temos, porque é um homem e o ambiente que lhe é próprio não são as selvas e os desertos inóspitos; e também porque, se o libertarmos é quase certo que a convivência com seres de sua condição atual e a expansão dos instintos inferiores que lhe são agora normais, o levarão à comunidade da queda e, até mesmo, à perda completa das formas humanas. Aqui permanecendo, a influência dos elementos recuperativos o levarão, por fim, à consciência da própria inferioridade e ao consequente despertamento, pelo desejo de igualar-se a nós e ter uma vida melhor.

Este assunto doutrinário da perda de formas é fascinante e merece maiores indagações; e somente com isenção de ânimo, imparcialidade e ausência de preconceitos sectários, poderá ser penetrado.

Já citamos autores antigos respeitáveis que, entretanto, não tinham condições para elucidá-lo.

Mas há outros, da mesma forma idôneos e menos discutíveis, dentre os quais destacamos Hilarion do Monte Nebo, entidade contemporânea de Jesus, membro da Fraternidade dos Essênios, na Palestina, que inclui esse problema em algumas de suas valiosas obras doutrinárias.

Esse autor admite que os Espíritos refratários à evolução, desprezadores sistemáticos e incorrigíveis das leis de Deus, são passíveis da perda das formas físicas e, até mesmo, da definitiva eliminação do convívio humano.

E no próprio Espiritismo, autores de renome, conhecidos e respeitados, também citam casos e circunstâncias que levaram esses Espíritos rebeldes a essa extrema e dolorosa situação.

Refletindo pensei comigo mesmo, que assim como existe antimatéria, pode também existir anti-evolução, isto é, processos físicos contrários ao status estabelecido como normal na Natureza.

XII

REGRESSÕES EM GERAL

Horas mais tarde, desejando prosseguir no estudo do mesmo fascinante assunto, disse ao Instrutor:

— O mesmo escritor espírita André Luiz refere-se a um caso de degenerescência que chegou ao limite da perda total das formas, existindo o Espírito somente como um ovóide passivo, inerte, utilizado aliás pelos Espíritos malignos para provocar perturbações físicas e psíquicas em suas vítimas. Pode ampliar informações a respeito?

— Conheço inúmeros destes casos. No caso citado por esse notável escritor, o Espírito regrediu à sua forma mental primária, a uma condição sensória, porque a forma mental evoluída não tinha mais consistência e estabilidade. O ser humano tudo perdeu, inclusive a mente organizada,[8] que é conquista indestrutível da evolução. Acabei de me referir a isto quando falei da perda total das formas.

— Mas este acontecimento é incontestável e definitivo?

— Não de todo. Há algumas correntes doutrinárias que admitem que o ser humano pode retrogradar até o aniquilamento total. Aliás, essa forma de ovóide, a que se refere, demonstra que nestes casos, o retrocesso já foi considerável, toda a forma já eliminada restando, unicamente, a zona de manifestação do Espírito, a matriz da organização psíquica da alma.

— E, neste caso, se o retrocesso prosseguisse, que restaria do ser?

— Somente para esclarecer melhor, eis as alternativas:

---

[8] Área do corpo mental onde o Espírito encarnado lança suas ideias, pensamentos, impulsos e decisões.

1) o ser permaneceria no estado a que chegou, de ovóide;

2) a regressão, com a perda total da mente, continuaria para os reinos anteriores;

3) o aniquilamento total, levando à reintegração da centelha divina ao conjunto universal;

4) a recuperação, lenta e progressiva, que é o que aqui estamos tentando há muito tempo.

Não notou nos olhos do homem-lobo (aceitando a sua pitoresca expressão) sinais evidentes de inteligência e afabilidade?

— De fato notei isso e admirei-me da intensidade do sentimento demonstrado no olhar, e mais: é flagrante a discordância entre o que se percebe no olhar e o que se vê no corpo físico animal.

— Exato. Estudamos agora o modo de apressar esse fenômeno de recuperação e ainda não estamos seguros de consegui-lo.

— Peço permissão para sugerir vibrações diretas à mente adormecida, de imagens do ser humano como era antes; isso talvez desperte reações favoráveis à volta.

— Esplêndido. Conversaremos sobre isso depois. Vamos, todavia, examinar as alternativas formuladas.

1) A partir do ponto a que chegou o ser, não pode mais haver retrocesso, dentro do seu próprio reino.

Argumentação — O retrocesso ocorre quando o ser age por livre-arbítrio desprezando conselhos, advertências, sem preocupar-se com os resultados consequentes dos seus atos, aos quais se mostra indiferente, insensível; apraz-se no erro, malgrado os corretivos das leis divinas.

O ser que degenerou para a forma potencial do ovóide não está mais no gozo de sua liberdade de ação, não tem mais livre-arbítrio; nem mesmo tem consciência da própria existência individual. Por isso não pratica atos que justifiquem a continuação do **processo involutivo**.

— Neste caso do ovóide, perguntamos, há ou não perispírito humano?

— Não, porque o ser perdeu as formas humanas.

O perispírito é a matriz das formas; se não há forma humana não há também perispírito humano organizado; este involuiu fechando-se no ovóide e por isso é que é potencial.

À medida que o núcleo espiritual for, com o tempo, reagindo, o ovóide vai voltando atrás abrindo-se, se se pode assim falar e readquirindo novas formas, como ocorreu nos estágios primários de sua evolução.

Esse, aliás, é o preço a pagar pelo Espírito pelas transgressões cometidas contra as leis divinas.

— Permaneceria então eternamente nesse estado?

— Também não, porque isso seria uma anomalia face às leis divinas que, como já vimos, são sempre solidárias e harmônicas entre si e, doutra parte, a tudo e a todos obrigam ao movimento e à vibração útil no conjunto universal.

— Pode então voltar a evoluir?

— Sem dúvida que pode.

— Entendido. Mas supondo que essa mente potencial ainda fosse capaz de pensar e seus pensamentos fossem sempre negativos, não prosseguiria neste caso o processo involutivo?

— Sem dúvida, neste caso, sim. Mas então teríamos caído na **segunda alternativa**: "A regressão, com perda da mente, para os reinos anteriores."

— Voltaria então o Espírito ao reino animal?

— Sempre, simplesmente para argumentar, neste caso, a alma voltaria à condição anterior, no reino animal, quando sua organização era ainda rudimentar, não havendo mente organizada, mas simplesmente embrionária, **para registro e controle**

dos impulsos oriundos dos instintos celulares, ou da ação sob a influência dos Espíritos protetores da classe ou da raça.

— Mas, esta mente embrionária, neste caso teria de ser conquistada de novo?

— Não, porque ela não foi atingida; somente o foi a mente humana.

— Então, — interroguei pressuroso — este homem-lobo, que está no cubículo, representa um caso destes, a saber: volta à condição animal?

— De forma alguma, respondeu prontamente o Instrutor. Quando dizemos volta à condição anterior, queremos dizer que o ser humano neste caso reencarnaria como animal, sem mente organizada, sem consciência individual, sem capacidade de livre-arbítrio; ao passo que este ser que está no cubículo, não está reencarnado na forma animal no mundo denso e, bem ao contrário, desencarnado na forma perispiritual, que corresponde à sua condição mental de baixa e maligna expressão. Não chegou a perder definitivamente a forma humana, passando a ser unicamente uma forma degenerada, uma mente em potencial.

— Se, pois, reencarnasse agora, insistimos, voltaria na forma humana?

— Sem dúvida que sim.

— Mas o perispírito não é matriz da forma física encarnada?

— Em termos: neste caso, se o fosse, o ser que nasceria deste pseudo-animal, que aqui está na forma física perispiritual, esse seria um lobo. Não concorda? E, no entanto, este ser que aqui está, na forma de um lobo, mas que é um homem, ao reencarnar, fá-lo-á na forma humana, como um homem mau, violento, animalizado.

— Mas, de onde lhe veio esse corpo humano?

— Donde todos vêm: dos pais humanos; segundo a lei da hereditariedade, jamais poderia ser um lobo na Terra, mesmo o sendo aqui, porque o processo genético lhe assegura a reencarnação como homem.

Eu estava profundamente chocado com a força daqueles argumentos diferentes, mas que esclareciam problemas tão complexos e pouco ventilados.

— Por isso, concluiu o Instrutor, estamos tentando modificar seus sentimentos para que possa reencarnar como um homem melhorado.

— Como se dará a reencarnação dele? Alguma coisa diferente?

— O notável instrutor André Luiz, que você sempre cita, aliás muito apropriadamente, já esclareceu este ponto, referindo-se à redução da forma perispiritual até adequar-se à câmara uterina, fecundada pela célula geradora masculina e, a partir daí, o processo segue o seu curso segundo a disposição dos genes nos cromossomos, pois são estes que determinam, pela lei da hereditariedade, a forma do corpo que está sendo gerado.

— E qual então o papel do Espírito que vai encarnar?

— Já o dissemos: à medida que o feto se desenvolve, o perispírito reduzido vai se integrando nele passo a passo, inclusive a mente, até o momento do nascimento quando então a ligação – espírito, mente, cérebro – se completa e o Espírito fica apto a ir exercendo gradativamente, durante a infância, controle cada vez mais definitivo sobre o corpo orgânico.

Tenha em vista, concluiu, que mente não é sinônimo de espiritualidade, mas simplesmente, de capacidade intelectual do Espírito, por menor que seja e de autoconsciência para, através do cérebro orgânico, agir sobre o meio ambiente.

Assim, disse ele terminamos a argumentação sobre a segunda hipótese – "regressão a reinos anteriores".

Já vimos que tal não se pode dar, porque a cristalização da vida na forma de mente potencial, inoperante e irresponsável é um ponto último de **regressão dentro do reino humano** e vimos também que não pode haver permanência eternizada nessa forma potencial.

Examinemos agora a **terceira hipótese**: "aniquilamento total do ser, com reintegração da centelha divina no conjunto universal".

Argumentação — Esta é hipótese admitida por várias correntes do pensamento filosófico, no Oriente e no Ocidente. Mas se não pode haver retrocesso aos reinos anteriores, nem permanência na condição potencial, neste caso, ou o ser entra em fase recuperativa, prosseguindo depois na fase ascensional normal, ou se destrói a si mesmo por efeito de regressão progressiva de vitalidade; mas, como esse auto-aniquilamento não aproveita nem ao indivíduo nem à coletividade, não pode prevalecer e, neste caso, o que fica de pé é a hipótese do item **número quatro** que, a nosso ver, é a que permanece para a solução deste delicado e misterioso problema criativo, mesmo porque é o único que corresponde e reafirma a sabedoria, a justiça e a bondade de Deus.

Esta conclusão, aliás, afirmou o Instrutor, concorda com o ensinamento espírita terreno, segundo o qual o Espírito, por muito que fique estagnado na evolução, um dia despertará retomando o ritmo ascensional.

Neste ponto eu estava impressionado ante a enormidade do problema e a poderosa mentalidade do Instrutor, no expor o intrincado assunto, debatê-lo e concluir com tamanha lógica, sabedoria e segurança.

Ele percebeu minha perplexidade e convidou a uma derivação fora do Templo. Percebeu que minha mente ainda não estava em condições de suportar o esforço indispensável à perfeita penetração do importante assunto.

Como subsídio a essa terceira hipótese, transcrevemos a resposta dada por um respeitável Instrutor espiritual ligado ao nosso movimento nacional brasileiro:

"Em milhares de anos ou séculos os Espíritos, nascendo e renascendo, têm oportunidades inúmeras de esclarecimentos e de estudos, no Espaço e nos mundos encarnados, cada dia representando valiosas experiências e ensinamentos.

Mas os que, mesmo assim, não evoluem, desprezam as oportunidades e as leis divinas, permanecendo impermeáveis ao Bem e irredutíveis no Mal, esses podem ser eliminados do ambiente terreno, formando em outros lugares mundos moleculares primitivos, com vida em forma larvar, ao centro de cujas unidades as mônadas permanecem, formando um núcleo.

E essa situação perdurará até que surjam sinais de cansaço, enfado, revolta ou qualquer reação íntima pela inércia interminável e seja então iniciado em cada indivíduo degenerado, um processo íntimo de regeneração, recomeçando novamente sua evolução em seus pontos anteriores.

A vida desses aglomerados primitivos será condicionada a faixas magnéticas muito fortes, para que não possam os indivíduos se ausentar dos lugares e condições onde se confinavam.

Mas, se com o tempo não se registrar nesses organismos degenerados qualquer dessas reações favoráveis ao início de uma reabilitação, por mais longa e custosa que seja, ocorrerá então a eliminação definitiva, com a volta das mônadas às esferas universais de origem.

XIII

A FORÇA DA FÉ

Saímos para fora do Templo e contemplamos o rio, que corria mansamente, rolando nas margens suas águas barrentas.

Sobre elas pairava uma neblina espessa, leitosa, que não era emanação própria, como víramos no oceano, junto a Dacar. Mas então, que seria? Fluidos provindos de corpos afogados? Habitantes de outra cidade submarina? Ou simples revérberos do sol causticante, agora a pino sobre as águas?

Mais uma vez veio a benévola atenção do Instrutor amigo, que lia em minha mente como num livro aberto:

— O Ganges recebe diariamente centenas de corpos incinerados de devotos, e o magnetismo animal desses corpos se impregna nas águas. Ignora, porventura, que a água é um admirável condensador e condutor de energia? Lembre-se da água fluídica tão recomendada pelos espíritas... A água é também o solvente universal.

Por outro lado, prosseguiu, o magnetismo de milhares de crentes que diariamente se banham no rio, por força da fé que os anima, se integra na água quando nela penetram.

E a fé vivíssima, acrescentou, desses milhares de corações humildes, que se aglomeram nas margens, porventura não se transformará também em ondas sucessivas de fluidos que, da mesma forma se integram na água?

E os fluidos de centenas de Espíritos auxiliares e benfeitores, que se dedicam a tarefas de socorro aos crentes, porventura também não se integrarão nela?

E, por último, os poderosos influxos dos Espíritos superiores, altamente interessados em manter essa fé poderosa e milenar no coração do povo, não influirão também para que realmente sejam benéficas as águas deste rio santo?

Por isso é que os que se banham nele sentem-se purificados e curados de inúmeras moléstias.

— Pelo que temos ouvido, ponderei, verificamos o quanto somos superficiais em nossos julgamentos do que vemos e sentimos, e quantos mistérios existem dos quais não temos a menor suspeita. Mas será errado pensar que o estado psicológico dos crentes tem grande parte nessa melhoria que sentem?

— Sem dúvida. Todo aquele que, pela fé, ou pela esperança, eleva seu teor vibratório interno à altura da extraordinária vibração fluídica destas águas, por certo que se põe em condições de receber os benefícios que elas oferecem.

Assim, pois, concluiu, aquilo que vê e que reverbera sobre o rio, é a vibração média que resulta da soma de todas as energias físicas e espirituais que enumerei; é a aura psíquica do rio, se assim se pode dizer.

E não só deste rio, acrescentou, mas de todos quantos, rios ou lugares outros, em qualquer parte do mundo, que consigam despertar e dinamizar a fé das multidões.

— Fátima, Lourdes, Chestochowa, Meca, insinuamos...

— Exatamente, com a diferença que, aqui na Índia, a movimentação das multidões é permanente e de vulto impressionante. De todas as regiões do país e dos países vizinhos a caudal flui interminável, o ano inteiro e a fé que as anima é a mesma, a saber: lavar-se o crente de seus pecados, libertar-se de suas dívidas cármicas e assegurar para o futuro uma encarnação mais feliz, em lugar melhor que o atual; são todos convictos de que se chegarem até o rio e nele se banharem isso conseguirão.

Para dar uma ideia dessa fé coletiva basta dizer que quando o governo do país estava na mão dos ingleses e declarou-se mais um surto de epidemia de cólera, nem mesmo formando uma barreira, com seu aguerrido exército, conseguiu o governo impedir a marcha das multidões para o rio.

Neste ponto o Instrutor ausentou-se por momentos e, de uma pequena mesa ao lado, tomei um atlas da Índia e anotei os seguintes dados que melhor esclarecem certos pontos.

O Ganges nasce aos pés dos Himalaia, em um vale coberto de neves eternas; desce para o sul; atravessa Cawnpore, formando aí um canal e, ao atingir Allahabad, cidade também célebre, recebe o Djumna; prossegue para Benares, a cidade santa dos hindus. Neste ponto tem, de um lado a cidade e, do lado oposto, que não é considerado sagrado, uma planície desértica, baixa e solitária, sem edificações; no lado da cidade, num percurso de mais de seis quilômetros, vêem-se os "ghats", (gigantes escadarias de mármore), em alturas que variam de vinte a trinta metros e uma sucessão de palácios, mesquitas e igrejas, cujas construções vêm quase até à água do rio.

Todas as castas nestes "ghats" estão representadas, irmanadas na mesma fé, porém, sem se misturarem. Para os hindus o rio é um deus que fecunda os campos, faz nascer, crescer e frutificar as searas, alimenta os homens e os animais e, quando morrem aqueles, seus corpos, reduzidos a cinzas, são nele derramados, para que os Espíritos subam em paz ao Nirvana.

No seu curso o Ganges atravessa todo o Indostão, na direção sudeste, até o Golfo de Bengala, onde está a sua foz, no Oceano Índico, formando aí um labirinto de quinze rios, centenas de braços, inumeráveis canais, numa trama verdadeira de ramificações, após 3 mil quilômetros de curso.

Largando o livro passei a observar a cena no trecho em que o rio banha as muralhas de alguns palácios de marajás: — as escadarias que desciam até às margens; os pontões de madeira, cobertos de tecidos vistosos e que serviam de desembarcadouros; os pequenos torreões de cúpulas arredondadas, abertos de todos os lados, onde se reuniam pessoas ricas assistentes de cremações; o movimento de barcos, singrando o rio em todas as direções e a fumaça das cremações se espalhando, rente às águas, levada pelo vento brando, com o odor forte de gordura queimada.

O Instrutor já de volta, à medida que observávamos, ia explicando:

— Assim que nasce o sol, aflui a multidão para as margens, passando através de ruínas, veredas mas, principalmente, descendo as escadarias.

Como está vendo, inúmeros são os cadáveres trazidos para as cerimônias da cremação; utilizam macas cobertas e amarradas em volta, para facilitar a descida nos "ghats", onde são depostas enquanto os Dhondis, que são párias intocáveis e os únicos que lidam com cadáveres e com esgotos da cidade, preparam as armações para o ato.

Para os hindus tudo é feito visando assegurar ao Espírito, a imortalidade e a entrada no paraíso do Nirvana, mas quanto ao corpo, este não tem valor algum, por ser transitório e, por isso, as cerimônias são, em geral, muito simples. Conquanto nada recebam das mãos dos Dhondis, cuja própria sombra torna impura a pessoa sobre a qual incide, suas atividades com os mortos são aceitas, conquanto se conservem todos sempre afastados deles.

Assim que se dão as mortes, e enquanto se procedem aos ritos do culto adotado pela família, os encarregados dos funerais contratam com os "Dhondis" (párias) encarregados das cremações, as cerimônias de praxe, sendo os corpos conduzidos aos "ghats" à beira do rio, e ali queimados nas piras anteriormente preparadas.

Um membro direto da família recebe um vaso, contendo petróleo, que é por ele despejado na armação de madeira, e também uma vasilha de metal, contendo pedaços de cânfora, com a qual caminha ao redor do catafalco, rezando enquanto incendeia os pedaços de cânfora e os vai arrojando sobre a armação.

As labaredas logo sobem, formando grandes chamas envolvidas por fumaça negra, mas ninguém se arreda de seus lugares; somente os Dhondis, com varas compridas, ajeitam o fogo em torno ao corpo, até que este fique reduzido a cinzas. Depois jogam água sobre os restos, para esfriar e, em seguida, varrem tudo para o rio.

— Mas, perguntei ao Instrutor, interrompendo sua descrição: esses destroços e restos repugnantes não incomodam os que estão no rio se banhando?

— Não; a crença absoluta é que a água do rio é sempre pura. E prosseguiu:

Parte das cinzas é também entregue às famílias de mais recursos, que contratam barqueiros para espalhá-las sobre o rio, de mistura com flores e grãos de cereais.

Observe agora estes quadros.

Viam-se ali, também, crianças mortas. Os pais levavam-nas nos braços e penetravam no rio até que a água lhes chegasse ao peito; prendiam então a criança a uma espécie de bacia de barro e empurravam tudo sobre as águas, jogando-lhe flores e grãos, segundo o rito: a barquinha ia sendo levada pela corrente até que a água penetrasse nela e submergisse, levando a criança para o fundo do rio.

— Benarés, prosseguiu o Instrutor, a cidade sagrada é o ponto onde se recolhem os homens de toda a nação, para passar os últimos anos de sua vida e, se possuem recursos fáceis, desde que chegam, iniciam logo a construção de um templo ao seu deus preferido e a ele se devotam, até à morte.

A esta cidade acorrem também budistas livres, maometanos, principalmente da Cachemira, jainistas e outros crentes, e todos constroem seus templos, mesquitas, igrejas, altares, à margem do rio, numa extensão como você vê, de muitos quilômetros.

Dessas edificações, as mais antigas estão já transformadas em ruínas e não são mais reconstruídas, enquanto que as novas vão tomando outros espaços, prolongando cada vez mais o número delas.

❖

O movimento de povo aumentava sempre; vi chegarem uns após outros, os transportadores de cadáveres e os botes que saíam e chegavam à margem, sem cessar; outros cortavam cabelos, lavavam roupas, espargiam flores e grãos, conversavam aos grupos, ruidosamente, aqui e ali.

À medida que o sol aquecia e o ar se enchia de fumaça, abriam-se em alguns pontos pára-sóis multicores, como os usados nos balneários ocidentais e nas praias, e as escadarias também se cobriam de guarda-sóis individuais, para fazerem sombra.

Tudo isso dava ao cenário aspecto de aparente garridice e alegre movimento, não fossem as macas carregadas de mortos e as fogueiras que crepitavam, consumindo os corpos.

E havia ainda o pitoresco dos trajes, tão variados e exóticos:

Os homens procedentes da Índia central, com seus saiotes presos à cintura, blusas brancas com capuzes sobrepostos e faixas de pano alvo amarradas à cabeça, caindo sobre a nuca; os mais pobres, quase nus, com tangas e turbantes ligeiros; os vindos do sul, com túnicas largas de enfiar pela cabeça, cobrindo um dos braços e deixando o outro livre; outros, com túnicas brancas envolvendo todo o corpo, sem turbantes e cabeças raspadas; os mais abonados, com calças brancas e dólmãs até pouco acima do joelho; enfim, uma enorme variedade de trajes e de coloridos, que sempre correspondiam às castas a que cada um pertencia. E ainda os procedentes de países vizinhos, como os do Nepal e do Butan; e os tibetanos, ainda de mais longe, com uma dobra da túnica estufada sobre a cintura, servindo de bolsa para guardar inúmeros objetos de uso.

Voltou Naranda a advertir:

— Estas mesmas cenas se reproduzem na cidade de Allahabad, conhecida como — a fortaleza de Akbar — outro importante centro de adoração; ali também grandes multidões se reúnem na confluência dos dois rios, sobretudo nos períodos das festas chamadas de Mehla, que se reproduzem em séries determinadas de anos.

— Eis aqui, disse o Instrutor, quando nos retirávamos das margens do rio, o que faz a fé no coração dos homens! E é por isso que o Messias hebreu sabiamente disse "que ela move montanhas": aqui move esta multidão imensa todos os dias do ano, para junto destas águas, em busca de felicidade presente e futura.

Admirado com tais coisas e tão interessantes ensinamentos dei-me a contemplar o revérbero acinzentado que vinha dos corpos mortos, dos corações vivos e das mentes poderosas do Espaço que alimentavam e protegiam esse impressionante movimento de fé coletiva.

— Por isso, acrescentou o Instrutor, é que edificamos nesta região a sede de nossa Fraternidade benfeitora que hoje, sumamente poderosa e benquista, se estende como uma rede protetora por todo o Oriente, como ajuda e estímulo à fé religiosa deste grande povo.

— E por que, mestre, não há religião unitária? Não seria muito mais perfeita a crença e melhor organizada?

— A grande tendência dos hindus para a espiritualidade leva-os a não se prenderem a regras rígidas ou organizações exclusivas. Desde a criação da religião bramânica, com o nome de Vedas, há muitos milênios, a tendência do povo foi criar deuses particularizados, desta maneira formando uma mitologia muito rica que, numa melhor ocasião, lhe exporei em resumo.

— Peço que me seja permitido também dizer que a Fraternidade vossa não só aqui no Oriente estende benefícios mas, também, no Ocidente. Vós mesmo, que estais me esclarecendo com tanta sabedoria, não sois também instrutor de nossa jovem Fraternidade de São Paulo[9]?

— Sim, é verdade. A casa abençoada que polariza as bênçãos de Ismael e tanto influi na difusão da verdade espiritual no grande país que é o vosso, foi merecedora da solidária cooperação de muitos de nós.

[9] Fraternidade dos Discípulos de Jesus já citada. (Nota da Editora).

XIV

VENDO E APRENDENDO

Horas mais tarde, do cimo do zimbório central do Templo, contemplávamos o disco rubro do sol mergulhar no horizonte do poente. A essa hora a neblina leitosa do rio se tornara muito mais densa e se fizera alaranjada, tremulando como uma espuma, enquanto levas e mais levas de peregrinos, seminus, de braços e rostos alçados para os céus, penetravam nas águas escuras, cantando mantras[10] e dando graças ao Senhor pelas alegrias daquele momento.

Naranda ao meu lado, meditativo, disse, como que falando consigo mesmo:

— Toda vez que vejo este espetáculo, como agora, lembro-me de que, quando a alimentação escasseia, e a fome devasta esta grande nação, mesmo assim, as multidões afluem para o rio; quantos homens e mulheres, muitas destas com filhos nos braços, esqueléticos, mas exaltados pela fé, vão entrando para dentro das águas, uns atrás dos outros e jamais voltam.

Impressionado com a revelação perguntei:

— Suicidam-se, porventura? Será possível?

Seus corpos depauperados, as longas marchas sem alimentação adequada e as doenças inúmeras que os debilitam ainda mais, apesar da força da fé que os move, torna-os incapacitados a maiores resistências e movimentos e julgam-se felizes adormecendo no seio acolhedor e ondulante do rio sagrado.

E calou-se; e respeitei o seu silêncio porque compreendi o seu sofrimento...

---

[10] Frases consagradas que polarizam e põem em movimento forças benéficas.

Enquanto isso se passava na Terra, à beira do rio, pelos amplos portões dos torreões laterais do Templo, penetravam também grupos numerosos de Espíritos em busca de auxílio e conforto moral, guiados por servidores humildes, sem turbantes, que tinham-se provado dolorosamente como párias, naquelas mesmas regiões batidas pelo sol glorioso dos trópicos e que seus corações amavam, como berços e túmulos que foram de seus corpos, na encarnação anterior.

Meditava sobre isso, comovidamente, quando vi que uma luz rutilou no céu, já quase escuro, e veio crescendo na direção do Templo, mais perto, mais perto; e deslumbrado vi que tomava a forma de uma cruz; permaneceu no ar, sobre o Templo, como proteção e como bênção, durante alguns minutos, durante os quais tudo em redor resplandeceu de luz dourada e branca.

Quando perguntei a Naranda o que significava esse fenômeno ele disse:

—Esse símbolo sagrado sobre o nosso Templo significa que, nos meios iniciáticos, nas mentes mais desenvolvidas e nos corações santificados pelo amor, o Evangelho cristão predomina.

Então lembrei-me do sermão profético do Divino Mestre, às vésperas de sua morte na cruz quando disse: “E o evangelho do reino será pregado em todo o mundo, em testemunho a todas as gentes e quando isso acontecer então virá o fim”.

E então perguntei a mim mesmo, emocionado: será isto uma advertência de que esse momento está prestes? Mas nenhuma resposta obtive.

❖

O sol da manhã seguinte filtrava seus raios através da névoa tênue da atmosfera, quando nos reunimos para a visita da mesma ala menor do Templo, onde já estivéramos antes e onde se achava o grande ídolo da Shiva.

Ao penetrar ali notei logo que éramos aguardados pois que, imediatamente se reuniram vários servidores, e para o grupo deles é que o Instrutor se dirigiu.

Eram todos do tipo clássico hindu: altos, esguios, pele escura, olhos grandes, nariz adunco. Vestiam blusas brancas, com largas mangas, sandálias de couro e turbantes alvos.

Subimos por uma escada em caracol e, chegando ao cimo, vi que estávamos em local bem ao nível da cúpula central do Templo. A vibração ali era suave, leve, viva e estimuladora. Paramos ante uma porta estreita, em forma de ogiva, com maçaneta de metal amarelo. Assim que se abriu penetramos em um amplo salão no qual, a intervalos regulares, havia grupos de assentos na forma de bancos postos em círculo, em torno a uma mesa baixa, sobre a qual via-se um grande vaso com pedestal de mais de um metro, aberto para cima; era feito de material transparente e podia-se ver dentro dele um líquido leitoso, até mais ou menos o meio da concha.

À chegada os vinte servidores tomaram assento ao redor da mesa e mergulharam logo em profunda concentração, ao mesmo tempo em que a luminosidade difusa existente no salão diminuía de intensidade formando penumbra. Essa luz não provinha de dispositivo algum visível, como também não vinha de fora; parecia provir do próprio material que formava as paredes.

Na semi-obscuridade percebemos mais facilmente que os vinte operadores concentrados dirigiam suas mentes para o vaso, e a substância contida nele se agitava para logo depois entrar em franca efervescência, tornando-se avermelhada.

Como de costume fiz perguntas, aliás, de antemão autorizadas.

— Qual a substância contida no vaso e o que estão eles fazendo?

— O vaso contém simplesmente água, porém, puríssima. Esta é a repartição do Templo que chamamos de laboratório.

Aqui preparamos as substâncias alimentares, os medicamentos e outros recursos de que carecemos para o tratamento dos doentes que já viu nas câmaras inferiores. Muitas vezes precisamos utilizar fluidos mais densos e os preparamos desta forma que vê, projetando sobre a água poderosas energias mentais, emitidas por esta e outras turmas de médicos, cuja capacidade operacional é muito ampla.

Aqui estão simplesmente carregando de alta vibração magnética a água pura, sobre a qual, depois, projetam outros fluidos de elevado teor vibratório de planos superiores, e também os emanados de si mesmos, pois que são entidades dotadas de alto grau de pureza psíquica; assim preparada, a água se torna, então, poderoso veículo de energias curativas e vitalizadoras.

Também sucede, continuou atencioso, quando se deseja obter resultados mais ligeiros, em casos menos graves, imergirem no líquido suas próprias mãos, altamente capacitadas à emissão de fluidos e de energia etérica, aplicável às curas.

— Em comparação à nossa, da Terra, que consistência tem essa água, depois de preparada?

— Apesar de sua densificação, não possui peso; se fosse ingerida pelos homens encarnados não seria percebida; seria o mesmo que aspirar ar pela boca; muito alto é o seu teor vibratório.

— Os elementos de cura de que aqui no Templo se utilizam são unicamente projeções mentais, vibrações transmitidas por aparelhos especiais e fluidos de diferentes espécies?

— Há muitos outros recursos, que não estamos autorizados a revelar, nem você está, caro irmão, em condições de assimilar. Entretanto, prosseguiu após pequena pausa, podemos dizer que obtemos e aplicamos fluidos oriundos também de minerais, plantas e frutos, dos quais extraímos essências curativas e alimentares o que, aliás como sei, já não é novidade alguma para os homens da Terra.

Nesse ínterim, o enorme recipiente continuava sob a influenciação mental dos médicos astrais, que permaneciam imóveis, sentados, com as pernas e os braços cruzados, à moda oriental, olhos cerrados, como que adormecidos; de suas mentes poderosas emanavam ondulações intensas, coloridas, como as ondas longas de transmissões radiofônicas.

O líquido que, na sua origem era água pura, passara agora a leitoso, fervia e dele se evolava aroma adocicado, de difícil identificação, dentre os que conhecemos na Terra. O Instrutor continuou explicando:

— Se neste laboratório apreciamos estes trabalhos, existem todavia, outros processos, aplicáveis a outros casos e condições, utilizados por outros agrupamentos de servidores. Não há padrões rígidos, inalteráveis de assistência, e esta se realiza segundo as condições em que se apresenta a necessidade daquele que assistimos. Inúmeras são as modalidades do auxílio e muito ampla a capacidade das mentes em utilizar forças para o bem dos seres com os quais entram em contato[11].

[11] Conquanto sintética, a explicação é compreensível e mostra como é sempre aproveitável a experiência que se adquire, colaborando nos trabalhos práticos do Espiritismo.

XV

UMBRAL

— Há turmas de servidores especializados que atuam em esferas mais baixas, onde as condições do trabalho variam, mas os fins são sempre os mesmos, a saber: socorrer, confortar, encaminhar necessitados.

— Onde se situam essas esferas a que se refere? perguntei.

— Para facilitar a compreensão do assunto, simplificamo-lo assim: tomando por base a crosta planetária, que é a zona de atividades e experiências dos seres encarnados, sem qualquer discriminação separatista, encontramos esferas trevosas na subcrosta, e esferas purgatoriais no Umbral inferior; esferas de recuperação psíquica e de reequilíbrio no Umbral médio e esferas de elevação e de repouso, no Umbral superior.

É provável que esta terminologia não corresponda rigorosamente às realidades espirituais, mas não podemos esquematizar doutra maneira. Aliás, acrescentou com austeridade, os agrupamentos espíritas mais avançados, no mundo terreno, têm conhecimento desta divisão e nomenclatura.

Correspondendo à benevolência do Instrutor mas, no escopo de esclarecer melhor, apressei-me a ponderar:

— Julgo bastante clara a explicação e já agora permaneço apto a compreender inúmeros detalhes que, para mim, ainda permaneciam obscuros, mesmo após a leitura de obras doutrinárias menos místicas, que ultimamente vêm surgindo na literatura terrena.

— Folgo em ver que está sendo útil a explanação.

— Mas uma coisa ainda não entendi bem e solicito vosso auxílio: o que é na realidade o Umbral?

Após curta meditação, respondeu, atencioso como sempre:

— Chama-se Umbral, para os esoteristas em geral — que encaram o assunto de forma subjetiva — os pórticos do mundo invisível, do além-túmulo; as fronteiras do mundo astral, ciosamente guardadas por monstros que simbolizam os defeitos e as paixões humanas inferiores.

Essa concepção, na verdade, é expressiva e tem razão de ser, porque o chamado Mundo Astral, aquele para o qual se desloca o Espírito após o desencarne é, de fato, o plano no qual o Espírito se encontra face a face consigo mesmo, nu, sem velamentos, em relação aos seus próprios sentimentos e pensamentos e à vista dos demais.

Mas, face ao ensinamento espírita — que é sempre mais objetivo — Umbral será a esfera de atividade espiritual de vibrações menos densas que a da crosta planetária e para a qual os desencarnados se transferem, após a morte física e onde a vida continua, no campo moral, sem grandes modificações.

Explicando melhor, pode-se dizer que Umbral[12] é a parte invisível do campo da vida encarnada, a contraparte desta, o hábitat natural dos Espíritos que perderam o corpo denso e onde, em seus perispíritos, continuam suas atividades normais, como se na crosta estivessem, com ligeiras modificações, é óbvio.

— E essa esfera do Umbral tem aspecto uniforme em toda a crosta terrestre?

— Não, varia de local para local, pois que é a projeção dos sentimentos e dos pensamentos dos desencarnados desses diversos lugares.

Enquanto o corpo de carne existe concretamente no mundo material, o perispírito atua objetivamente, de forma visível no mundo invisível, mundo este que na parte de suas vibrações mais inferiores chamar-se-ia astral para os esoteristas, e Umbral para os espíritas.

---

[12] Ver *Nosso Lar*, de André Luiz, cap. 44, "As Trevas". (Nota da Editora).

E percebendo que eu ainda vacilava, continuou:

— O ser encarnado vive em dois mundos diferentes, a saber: na crosta durante a vigília, pelo corpo denso, e no plano espiritual, durante o sono, ou depois da morte, pelo corpo perispiritual.

Pois bem: esse mundo espiritual, habitado pelos Espíritos desencarnados, é formado pela projeção dos seus próprios sentimentos e pensamentos, e será tanto mais elevado, quanto mais elevados e puros forem estes. Se forem de baixa vibração e qualidade, formam o Umbral e caso contrário, se forem de expressão elevada, formam mundos acima do Umbral.

O conjunto, pois, das condições morais individuais, forma os mundos correspondentes, nos quais os seres se agrupam por afinidade vibratória, formando agrupamentos afins.

— Não há então uma geografia astral que exista por si mesma?

— Sim, mas como projeção dos indivíduos que a formam, pelos seus produtos mentais, como na Terra a geografia se forma pelos seus próprios acidentes.

— Então não existe como eu penso.

— Concretamente, é o que quer dizer?

— Sim, concretamente cada coisa no seu devido lugar, existindo por si mesma.

— Existe concretamente, mas o que se concretiza não é esta matéria da Terra, na densidade da Terra, mas outra, diferente, na densidade desse mundo diferente.

Por outro lado não há tempo nem espaço, que são fatores subjetivos, nem há lugares propriamente ditos, pois tudo se interpenetra em diferenciações vibratórias, mas dentro dessa relatividade, e como sucede nos mundos materiais, a objetividade é a mesma; há sempre necessidade dessa objetivação em todos os mundos considerados inferiores do Plano Espiritual, para que os perispíritos se integrem nos ambientes em que atuam, sem abstrações, sejam influenciados por eles, removam experiências e evoluam mais depressa.

— Pode dar um exemplo prático dessa referida interpenetração?

— Posso: não se lembra que o perispírito atravessa paredes?

Admita, grosseiramente, que ele permaneça dentro dessa parede, que more ali. Percebe a interpenetração? Não mostrei a cidade submarina de Dacar? Imagina, porventura, que seus habitantes estão num lugar onde não há água? Percebe também ali a interpenetração?

Poderia citar milhares de exemplos mas, creio que compreendeu...

— Compreendi e estou esclarecido.

— Doutra parte, assim como o indivíduo forma seu próprio mundo espiritual, o mesmo sucede aos conjuntos ou agrupamentos de indivíduos que formam as sociedades humanas em geral. Assim sendo pode-se admitir a existência de um Umbral de Paris, ou de Londres, ou de São Paulo, formados pelo conjunto dos pensamentos e sentimentos dos seus habitantes. Cada um desses lugares tem uma fisionomia própria, uma vibração própria, que os torna mais ou menos agradáveis ou repulsivos, salutares ou não, à vida dos seus habitantes. Pode entender também isto?

— Entendo claramente. E este templo em que estamos agora, de que natureza é o seu Umbral, sua projeção no mundo invisível, em relação aos habitantes da Terra?

— Olhe e veja: as condições de vida aqui são muito inferiores; país rico, mas pobre sua população e cheia de sofrimentos; aqui dentro doentes e necessitados que se refazem em câmaras de cura e infelizes que em seus perispíritos reproduzem os estigmas das moléstias do corpo denso, e que por aqui perambulam, sofrem e gemem como se na crosta estivessem. Nossas atividades aqui não são de enfermagem? Não funcionamos também como um posto de socorro avançado nas zonas sombrias? Isto não responde à sua pergunta?

— Sim, respondi convictamente. É fora de dúvida que estamos vivendo aqui uma vida purgatorial própria do Umbral inferior.

— Exatamente, anuiu satisfeito.

Após essas explanações levou-me a um passadiço, onde se viam várias portas fechadas, lado a lado, com uma pequena abertura no centro à altura do peito.

— São câmaras de tratamento, explicou, destinadas aos doentes que desencarnaram com desequilíbrios mentais. Como sucede com todos os demais, estes doentes recebem tratamento variado, inclusive os manipulados pelos médicos astrais, um de cujos grupos você pode ver daqui mesmo.

Dando as costas às celas-câmaras, passamos a um terraço donde avistamos, em uma área privativa, um grupo de servidores concentrados no trabalho de preparação de remédios para esses doentes. De suas mentes podíamos ver a emissão de ondas para os vasos cheios de ingredientes, como também, diretamente, para as câmaras referidas.

— Entre os tratamentos mais variados utilizamos também os tão conhecidos "passes". Nestes casos de desequilíbrios mentais, temos que levar em conta as ligações do espírito com a mente e desta com o cérebro perispiritual; quando tudo, nesses pontos, não está em ordem, o doente então sofre imantações de terceiros, requerendo tratamentos de contenção, neutralização ou corte, aliás, já do domínio da terapêutica espírita na Terra.

— E as curas, perguntei interessado, processam-se com rapidez?

— Não devemos ultrapassar certos limites, promovendo tratamentos forçados, como ocorre em trabalhos chamados de terreiro, na Terra; seria contraproducente. É necessário agir com cuidado e prudência, não provocando reações desordenadas, unilaterais.

— Mas, em média, qual o tempo necessário para uma reabilitação psíquica?

— Considerando o tempo segundo a cronologia terrena, a média seria de dois a três meses, conquanto, como é natural, haja casos que se podem resolver em poucos dias.

— E qual a natureza da cura empregada?

— Como aqui não há o entrave da matéria densa, os meios são todos vibratórios e psíquicos. Por outro lado, os organismos astrais, isto é, perispirituais, são semelhantes aos organismos densos, e as condições físicas são, via de regra, reflexos, ou melhor, projeções das espirituais.

Após o desencarne é comum que os organismos espirituais se apresentem, no mais das vezes, atacados de perturbações diversas, parte das quais intrínsecas a eles mesmos e, parte, como reflexos ou resquícios do corpo carnal, na forma de moléstias físicas.

Se a situação física decorre de resgates cármicos, já em fase de liquidação, submetemos o desencarnado a tratamento para eliminação dos reflexos, o que, aliás, não oferece demora e os processos para isso são todos eletromagnéticos, um dos quais você teve oportunidade de ver no setor de recebimento e encaminhamento de doentes. Se são estigmas que devem permanecer como mordentes, encaminhamos o doente a postos e campos de reabilitação.

Feito isso, prosseguiu explicando, a parte psíquica se aliviou e, com repouso e higiene mental, conseguimos quase sempre o reequilíbrio.

— E quanto aos passes, perguntei curioso, poderei assistir à sua aplicação para comparar com o que se faz na Terra?

— Um pouco mais para diante porém, desde já esclareço que diferem um tanto os processos porque, na Terra, os passes são muitos mais mecânicos, ao passo que aqui a mente do operador ocupa um amplo lugar na aplicação. Isto também, aliás, já está sendo considerado na grande casa espírita onde você serviu.

E rematando suas interessantes explicações ajuntou:

— Lastimamos não poder, desde já, iniciá-lo em processos e práticas mais adiantadas, mas não podemos antecipar as coisas, nem temos ordem de fazê-lo. Tudo o que até aqui mostramos e explicamos são simples trabalhos de rotina comum das nossas atividades no campo do Bem e compreenda que nossa experiência, não tendo restrições sectárias, possui um amplo campo de realizações selecionadas, porém, tudo segundo as instruções e os ensinamentos do altíssimo Espírito governador deste planeta, a cujo serviço, todos nós, humildemente, nos devotamos; e a nossa presença em atividade constante no setor educacional da Fraternidade dos Discípulos de Jesus a que você pertence, no Brasil, prova o que dizemos.

Por agora basta, rematou ele, sorridente e afável, e aguarde meu novo aviso.

❖

Nessa noite, em meu alojamento, coligi minhas anotações com cuidado; os assuntos eram importantes e, pelo menos para mim, altamente instrutivos. Comparando com o que aprendera, quando encarnado, em nossa grande Casa de São Paulo, verifiquei que, no fundo, não havia discrepância alguma, mas somente complementações. E isso alegrou-me por ver que tanto lá como aqui, sem embargo da diferença de planos, o tempo fora bem aproveitado e rico de ensinamentos autênticos e verdadeiros, indispensáveis à formação intelectual e moral dos que aspiram e lutam para acelerar sua evolução.

XVI

NO CAMPO DE REPOUSO

Ao romper do sol, no dia seguinte, com seus raios dourados e quentes traspassando as nuvens brancas, formadoras de orvalho, encasteladas na fímbria do horizonte, donde se projetavam sobre o espelho do rio em muitas cores, estava preparado para cumprir o programa de mais um dia.

Não havia como negar que ansiava por adquirir novos conhecimentos sobre os inumeráveis e sempre fascinantes aspectos desse mundo espiritual onde, no momento, me encontrava como aprendiz.

À hora marcada chegou Naranda, o instrutor; foi entrando e dizendo:

— Se tal coisa lhe apraz, comecemos.

Vinha acompanhado de três servidores, jovens e belos, aos quais me apresentou.

— Aqui tem três amigos certos, que vão acompanhá-lo nas visitas de hoje: este é Marcus, este Ali, e este Mabud. Pode confiar neles; são discípulos já possuidores de elevados conhecimentos. Visitará hoje o Campo de Repouso que é, de certa forma, um prolongamento de todos os departamentos, como facilmente compreenderá.

E com um aceno amistoso afastou-se.

Logo ao lado do Departamento do Auxílio, está o Campo de Repouso, para onde são levados os doentes que estão nas câmaras de cura. Ali se aproveitam todos os recursos da Natureza, nos restabelecimentos.

O campo está aos fundos, em toda a largura da ala direita do Grande Templo. É um parque muito amplo, formando um quadrilátero de árvores, flores e verde relva, aparada com esmero. No centro há uma edificação rústica, na forma de um cubo de cujo terraço superior parte para o alto uma torrezinha que sobe, afinando-se. Geometricamente é uma pirâmide sobre um cubo.

Alamedas convergem para essa edificação, vindas dos quatro cantos do parque e do terraço uma outra, elevada, como uma estrada de luz, ligando ao torreão central do Templo, e pela qual transitam servidores que vão ao campo em suas horas de repouso.

Junto a essa edificação existem fontes murmurantes de águas límpidas e puríssimas, rodeadas de grupos ornamentais de arvoredos, que deleitam a vista e convidam ao repouso e à meditação.

A água das fontes canta quando verte, saindo de montículos de pedras coloridas, dela emanando uma névoa fina e dourada, que sobe para o ar e aí se desfaz.

Ladeando o Campo verdejante correm espessas muralhas de material semelhante ao granito e, de espaço a espaço, no cimo, há instrumentos curiosos de dois metros de altura, atravessados por inúmeros fios, muito esticados, pelos quais o vento passa e canta e chora e geme, languidamente, como nas harpas eólias da antiguidade grega.

Mostrando a muralha disse Marcus:

— Parece granito terrestre, não acha?

— Parece bastante. Que material é esse?

— Tudo aqui é mental, disse sorrindo intencionalmente; as muralhas são mais decorativas que outra coisa, pois que as fronteiras, as divisões que aqui neste plano demarcamos, são todas vibratórias, dentro e fora do Templo. Neste, por exemplo, suas diferentes câmaras são separadas por paredes vibratórias, que estabelecem barreiras intransponíveis, que servem também para preservar os diferentes ambientes mantendo, em cada um deles, sua vibração adequada e seu isolamento.

— O Campo então não é uma construção permanente?

— Sim; é uma construção permanente porém, mental fluídica, porque tudo, nos planos espirituais de determinada ordem para cima, tudo é mental; entretanto, aqui neste plano onde estamos, ainda entram nas construções, em grande escala, fluidos e outros recursos etéreos.

— Como é feita então esta construção? Pode explicar?

— Por que não? Engenheiros e técnicos delineiam a obra mentalmente, como aliás se costuma fazer também na Terra; aprovado o plano de construção pelos hierarcas, transportam-se para o local escolhido, concentram-se sobre o desenho do plano e vão aos poucos, parte por parte, levantando a edificação mentalmente, até o final, enquanto os responsáveis pela colaboração fluídica acompanham esse ato, juntando-se assim os dois recursos base.

Essa, com pequenas alterações, é a forma geral de construções aqui.

— E quanto tempo leva uma edificação, como este Campo, por exemplo, com todos estes detalhes?

— A construção não é feita num golpe de mágica, mas metódica e particularizadamente, cada coisa à sua vez; à medida que progride, vai recebendo o concurso de técnicos diferentes, uns para uma coisa, outros para outras, como também se dá na Terra. Assim sendo, como percebe, a duração pode ser maior ou menor. Mas, em se tratando de uma construção simples, sem muitos detalhes ou exigências, pode ser feita em poucos minutos dependendo, é claro, da maior ou menor capacidade mental dos executores.

— Para construir, pois, basta idealizar e depois concentrar a mente naquilo que se imaginou?

— Há uma determinada técnica mas, em linhas gerais é isso mesmo.

— Então qualquer de nós pode construir mentalmente, com facilidade?

— Tanto prédios como qualquer outra coisa, respondeu Marcus pacientemente.

Como ficasse ainda indeciso ou incrédulo, disse ele:

— Vamos experimentar com você mesmo. Idealize uma flor.

Fiquei surpreendido, mas aceitei a proposta.

Pensei num cravo vermelho de pétalas bem crespas, bem perfumado, com uns borrifos de água por cima.

— Pronto; já pensei.

— Então, disse Marcus sorrindo, teoricamente você já construiu o cravo vermelho.

— De fato, foi o que pensei. Você viu muito bem na minha mente.

— Bem sei; projete agora essa flor aqui neste palmo de gramado, e com o dedo apontava o lugar.

— Como devo fazer?

— Da mesma forma: pensando e querendo.

Pensei fortemente no cravo jogado no gramado, mas nada aconteceu.

Vendo minha decepção Marcus explicou:

— Sua capacidade de criar ainda é insuficiente. Pense novamente e somente depois de ver o cravo, vivo, à frente dos seus olhos, jogue-o então sobre o gramado, mas queira fortemente que isso aconteça.

Assim fiz: pensei no cravo, quis que ele ficasse à frente dos meus olhos e então, com raiva, levei a mão à fronte, peguei-o pela haste e projetei-o sobre a grama, violentamente.

Marcus bateu palmas. — Parabéns —, já sabe criar mentalmente o que quer e como quer. Agora nunca mais terá dificuldades.

Tomou-o nas mãos e disse:

— Está vendo como é malfeito, fraco? Faltam pétalas, mas é uma flor; isto é o essencial. Soprou sobre ele e o cravo então ganhou vida, força, a cor rutilou e o perfume expandiu-se no ar.

— Agora está perfeito, disse: doutra vez estou certo de que não haverá falhas.

Quando viemos ao Campo não tomamos a ponte luminosa, nem penetramos pelas alamedas radiais mas, sim, por passagens inferiores, reservadas para poderem mostrar seu funcionamento mais íntimo. Analogicamente, em comparação com as medidas terrenas, o Campo distava do Templo uns dois quilômetros, tal era a extensão da chamada Ponte Luminosa.

Penetrando no campo por baixo da estrutura vi várias máquinas geradoras de energia, de pequeno porte, porém, de grande potência, que funcionavam silenciosamente produzindo calor, força-motriz e recursos de defesa[13], contra ataques que porventura fossem desfechados contra o Campo ou o Templo. Ao receber tais informações perguntei a Marcus:

— Porventura já foram o Campo ou o Templo atacados alguma vez?

— Sim, várias vezes. Entidades malignas se reúnem em bandos e, periodicamente atacam, visando, sobretudo recuperar escravos, que libertamos das esferas de sombra.

Neste ponto lembrei-me de novo do instrutor André Luiz, na impressionante descrição que faz de um ataque destes, contra um posto de socorro avançado no Umbral inferior[14].

---

[13] Ver *Os Mensageiros*, de André Luiz, cap. 20, "Defesa Contra o Mal". (Nota da Editora).

[14] Ver *Ação e Reação*, de André Luiz, cap. 3, "A Intervenção na Memória". (Nota da Editora).

Foi transpondo, por uma escada, uma abertura estreita que atingimos o pavimento térreo da edificação central do Campo e daí prosseguimos subindo até o terraço, donde descortinamos um espetáculo de surpreendente beleza.

A esse mirante vinham dar dois cabos metálicos que eram duas antenas, que captavam sinais e mensagens de toda a área do Grande Templo e de fora, com grande alcance, enviadas pelo serviço de socorro a distância, feito pelas caravanas que partem do Templo, dias alternados, para a crosta da Terra ou para as regiões de sombra; no mesmo terraço existe também poderosa estação receptora transmissora para apanhar e transmitir notícias, informações e imagens para muitas partes do mundo.

Descendo, vimos do lado de fora um brilhante mural, com a figura de um hindu venerável, tão viva e expressiva como se fosse a própria entidade ali presente. Ante a nossa curiosa expectativa Marcus explicou dizendo:

— Este é um trabalho de Mabud e ele próprio lhe dirá do que se trata.

O jovem auxiliar tomou a palavra para esclarecer:

— Trata-se de uma homenagem viva que se presta ao venerável mestre que concebeu e edificou este Campo, há muitíssimos anos. À determinada hora todos os servidores livres se reúnem neste lugar e oram em comum e com a força dos pensamentos concentrados, forjam a imagem da entidade que não está, portanto, lavrada ou pintada no mural, mas, sim plasmada fluidicamente em sua superfície.

Quando a concentração não é perfeita, prosseguiu ele, a imagem não se reaviva o que, aliás, é muito raro mas, às vezes acontece. Há tempo, quando da última guerra na Terra, a massa de apreensões ali era tão forte, que invadiu o Umbral e impediu o trânsito livre das ondas fluídicas e das vibrações. O mesmo aconteceu quando os exércitos chineses ultrapassaram a fronteira da Índia e invadiram território nacional; ou ainda, quando há alterações cosmológicas como, por exemplo, as explosões de massas ígneas do Sol, tão conhecidas como "manchas solares" que também produzem os mesmos efeitos negativos.

Nestes casos, é preciso sanear o Campo e o Templo, primeiramente e em alguns casos até com explosões saneadoras, que nós mesmos provocamos e, logo depois, com cantos de hinos apropriados, para manter uma fonte constante e maciça de ondulações sonoras. Feito isso, e repetindo a concentração, a imagem se reaviva.

— Mas, observei, reticente: que resultados práticos são obtidos com tais e tantos cuidados?

— Não se trata disso. Nos planos espirituais o sentido prático e utilitário nem sempre é o que interessa e jamais se sobrepõe aos motivos e efeitos de caráter moral. Este é um deles, concluiu Mabud, olhando-me com certa comiseração.

Horas mais tarde regressamos do Campo, cuja visita não poderia ser completada num só dia. Voltamos diretamente para o Departamento de Auxílio, onde os companheiros tinham compromissos de trabalho e nos dispersamos, permanecendo comigo somente Marcus, que continuou a instruir-me.

Penetramos em um compartimento circular de grande amplitude, com janelas em volta e leitos alinhados junto às paredes brilhantes e onde repousavam doentes em tratamento.

Logo que chegamos, aproximou-se de nós um ancião de porte respeitável, mas com visível desequilíbrio mental. À medida que se aproximava Marcus explicava:

— Ocupou posição elevada na casta privilegiada dos "chátrias" e abusou de sua posição voltando, mais tarde, como pária. Não suportando a prova, suicidou-se; errou por algum tempo em regiões de sofrimento intenso até que o trouxéssemos para cá, onde está submetido a tratamento adequado.

— E depois de reequilibrado, perguntei curioso, qual o seu destino?

— Será encaminhado à nova reencarnação, para completar o tempo que abreviou criminosamente.

Passamos em seguida a uma pequena área, onde se aplicavam passes e outras energias magnéticas. Observando, vi que utilizavam as mãos e a vontade adestrada como propulsora de força magnética humana, a mente manipulando as situações a que os doentes deveriam chegar após a cura.

Os passes eram ritmados, feitos ao som de música melodiosa e as mãos descreviam no ar círculos luminosos de várias cores; e a energia colorida penetrava nos perispíritos, saneando as áreas afetadas, normalizando o metabolismo geral, vitalizando a organização física em todos os sentidos.

Com essa visita terminamos as atividades do dia.

Voltando ao meu alojamento, recostei-me no leito e pus-me a considerar as estranhas coisas que vira naquele dia: a ponte luminosa que, mesmo à luz do sol, possuía refulgência própria, leitosa e brilhante; as harpas eólias das muralhas, cuja sonoridade suave e melodiosa penetrava fundo em nossa alma, produzindo forte emoção; a imagem plastificada da Entidade construtora do Campo, cuja vivacidade dependia dos sentimentos e das vibrações dos frequentadores.

E mais que tudo isso, a forte sensação que me avassalou quando consegui criar e projetar na relva o lindo cravo vermelho que idealizara. Pouca coisa, mas grande coisa...

Isso para mim foi uma conquista emocionante, pois que uma força nova e diferente me invadiu, um poder esquisito que se agregava agora ao meu patrimônio psíquico, representando o poder criador divino.

XVII

ESCLARECENDO DÚVIDAS

Nessa mesma noite, enquanto repousava, sentado junto à janela, olhando o rio que mansamente corria, como uma fita prateada, na planície enluarada, entrou no aposento o dedicado Instrutor.

— Venho visitar-te e saber se tudo quanto viu até agora merece algum reparo, necessita novos esclarecimentos; não me seria agradável que meu estimado aprendiz perdesse aqui o seu precioso tempo.

Falava e sorria obsequiosamente, com uma humildade que era pura grandeza.

Por outro lado, disse:

— É bom que responda francamente, porque nosso regresso está agora dependendo somente de um aviso.

— Agradeço muito vossa bondade, disse, e tenho mesmo algumas dúvidas que vos pediria esclarecer.

— De que se trata, perguntou, sentando-se ao meu lado, junto à janela.

A noite estava quente e calma e o luar, atravessando a neblina espessa que pairava sobre o rio, tecia sobre ele uma filigrana maravilhosa de luz prateada.

— Eis o que me preocupa, disse: pelo que sei, o espírito, a centelha divina, nunca está desamparada, a descoberto; é sempre defendida, protegida por envoltórios formados por substâncias próprias dos planos onde transita. Quando desencarna passa a viver no corpo espiritual que é, para os espíritas, o perispírito.

— Mas, estes doentes que aqui estão, em corpo perispiritual, inconscientes ou adormecidos, onde permanecem enquanto os corpos assim se encontram e em que condições se apresentam?

O Instrutor meditou um pouco, para penetrar bem no que eu queria saber, penso eu, e depois explicou:

— A Doutrina Espírita simplificou extraordinariamente o problema, adotando o perispírito **como envoltório único do Espírito**, enquanto que as correntes esotéricas admitem a existência de vários corpos além do de carne, para explicar seus diversos estados de consciência e de atividade, da mais baixa à mais alta expressão moral ou intelectual, após a morte.

Estes que aqui estão, portanto, quando fora deste envoltório, próprio deste plano, pela mesma lei, manifestar-se-ão em outros planos com outros envoltórios, que correspondam às condições morais ou intelectuais que possuírem. Não é lógico?

— Como ensinamento pediria para que exemplificasse a teoria.

— Admitamos que o doente X esteja na fase evolutiva em que predominam as paixões materiais, os impulsos animalescos de violência, egoísmo, impiedade. Abandonando o corpo de carne foi recolhido a este Templo, que está em uma esfera do Umbral inferior, como já vimos. Entrando em estado de inconsciência como está agora ou melhor, exteriorizando-se do corpo físico (perispírito) surgirá na esfera espiritual que lhe **competir**, com o corpo ou envoltório próprio do **plano** em que aquelas paixões, desejos e sentimentos predominam e que é conhecido como **corpo astral** ou corpo de desejos. Viverá, pois, na esfera do Plano Astral que corresponder ao seu estado psíquico.

— Passará então a viver em dois corpos ao mesmo tempo, a saber: o deste plano, onde está seu corpo adormecido e o do astral, para onde se transportou o Espírito em outro envoltório próprio desse plano. É assim mesmo?

— Claro que sim, exatamente como sucedia quando estava encarnado, manifestando-se no corpo de carne, quando em vigília e, no corpo perispiritual, quando adormecido ou exteriorizado.

— Quer dizer que a verdade é essa que o esoterismo ensina?

— Não é bem isto: o certo está com a realidade, tenha ela o nome que tiver. O como e onde se manifesta, não importa.

Mas vejamos outro exemplo, continuou ele.

Você mesmo, que fala comigo, exteriorizando-se neste mesmo instante, como pensa que se manifestará no plano onde surgir? No corpo de um animal feroz, ou como um fantasma? Como uma flor, ou como um peixe?

Confundido, respondi que não sabia.

— Aplique a regra do que sabe, sugeriu: como espírita, já que não admite outros corpos, deve apresentar-se com o envoltório cujo nome é perispírito e, como já é esclarecido suficientemente, num perispírito sutilizado, reajustado ao seu grau evolutivo atual, incorporados, é claro, os progressos feitos nesta última reencarnação.

Admitamos agora que suas condições fossem péssimas: exteriorizava-se em outro envoltório perispiritual, porém, sujo, negativo, de vibração maléfica.

O mesmo caso, porém, para os esoteristas em geral, seria visto doutra maneira. Você, que tem bom desenvolvimento moral e intelectual, possivelmente se exteriorizaria no corpo mental que corresponde a essas condições. Compreende agora?

— Compreendo e agradeço mas, ainda outra pergunta: exteriorizado nesse corpo mental, em que esfera ou comunidade passaria a viver?

— Se a exteriorização fosse momentânea, como geralmente ocorre, continuaria onde está, mas se fosse definitiva, pela morte, viveria pela lei das afinidades, em esfera altamente colocada no mundo mental ou plano mental, onde as atividades intelectuais e morais prevalecem; colaboraria, provavelmente, com os dirigentes planetários porque a mente é intrinsecamente criadora e, nesse sentido, é que se exerce a atividade mental dos que já atingiram esse alto estado. E não ensina o Espiritismo que o perispírito é formado de elementos retirados dos próprios planos em que o Espírito atua?

— Resta ainda outro ponto para mim duvidoso que peço esclarecer.

— Qual é? Perguntou Naranda pacientemente, mas sempre atencioso.

— Falamos em esferas e planos, em Umbral e Plano Astral. Quais são as diferenças?

— Já vimos isto em parte. O **plano** é uma divisão vibratória mais ampla e contém maior ou menor número de **esferas**, condicionadas às suas finalidades e naturezas. Eis tudo. Umbral é a designação genérica do mundo vibratório situado imediatamente acima da crosta planetária, como já vimos, e Plano Astral é a divisão vibratória, segundo o esoterismo, em que predominam os desejos e as paixões inferiores do ser humano e dos animais terrestres. Ambos são subjetivos, formados pelos sentimentos, pensamentos, desejos e paixões dos seres que os habitam. Mais alguma coisa?

— Nada mais. Penso que agora estou mais habilitado a me conduzir com segurança e facilidade na trama complexa destes assuntos espirituais.

— Separemo-nos então por mais algum tempo e aguarde novo aviso.

Agradeci e ele retirou-se e, meditando percebi que realmente a verdade é uma só, mesmo quando apresentada com outros nomes por doutrinas diferentes.

XVIII

ALÉM DA TERRA

No dia seguinte a visita foi ao Departamento Astronômico. Como o seu nome o indica, esse departamento cuidava dos assuntos referentes ao conhecimento e às relações com outros orbes do sistema, promovendo o intercâmbio com eles, na forma de estudos diretos, **in loco**, privativos dos membros mais evoluídos da fraternidade hindu.

Ficava na ala esquerda, numa situação perfeitamente homóloga ao da ala direita, integrando assim o conjunto arquitetônico do Grande Templo.

Possuía muitas seções e repartições sendo, entretanto, a de maior interesse à nossa visita, a dos aparelhos de visão, de escuta, e de ligação com outros astros.

O Instrutor apresentou-me ao irmão Chandula, aos cuidados do qual colocou-me, para as informações e observações que desejasse.

O diretor era uma figura imponente e venerável, com os cabelos grisalhos caindo sobre os ombros e a larga barba quadrada descendo até o meio do peito. Nos olhos, que me fitavam curiosos, podia ler-se uma extrema bondade e uma acolhedora simpatia.

— Que interessa ao jovem irmão conhecer de preferência, neste nosso modesto canto de trabalho? perguntou, sorridente.

— O que for possível, venerável irmão, respondi; nada sei de astronomia, a não ser noções teóricas mas, como aqui vim para estudar e aprender, gostaria de ver qualquer coisa referente ao intercâmbio entre os astros.

Ele assentiu com a cabeça e disse:

— Parece mais simples que lhe proporcione um ligeiro contato direto, com um astro dos mais acessíveis, e que aqui registramos como Calpa II.

Acionou uma pequena alavanca e, em breves instantes, estava presente um jovem auxiliar, muito atraente, ao qual apresentou-me, dizendo:

— Leve nosso jovem visitante ao Calpa II e mostre alguma coisa do intercâmbio com outros orbes, podendo marcar uma segunda visita, caso necessário.

E, para mim, sorridente e afável:

— Desejo que goste do passeio.

Acompanhando Hussain, o jovem cicerone, saímos para um parque interno e paramos debaixo de uma frondosa árvore, coberta de flores amarelas e, sentando-nos em um banco artisticamente trabalhado, ele indagou de como fizéramos, o Instrutor Naranda e eu, a viagem de vinda, e se eu já estava capacitado a atividades de volição livre considerando, como ele mesmo esclareceu, que se tratava agora de um destino fora da atmosfera terrestre.

Apreensivo indaguei:

— Que pode suceder não havendo de minha parte capacidade satisfatória?

— Interrupção da viagem em qualquer ponto e socorro externo para o regresso.

Altamente interessado na viagem respondi decidido:

— Julgo-me capacitado; qual a condição fundamental?

— A falta de temor repentino.

— Então estou capacitado; não terei nenhum temor; já provei isso a mim mesmo.

Ele então tomou-me a mão, inclinou-se para a esquerda e deslizou, subindo num segundo a grande altura; passamos velozmente por uma cidade, campos, altas montanhas cobertas de neve e nos lançamos, atmosfera acima, até um limite, não sei qual, saturado de vibrações finas e agradáveis, inebriantes mesmo; horas, minutos, não sei, mas, a dado momento começamos a descer em um lugar deserto, de outro orbe, donde, a pouca distância, distingui um aglomerado de habitações, de cores marrom claro e branco e reparei que não havia quase vegetação alguma.

Dirigimo-nos para lá, descendo e cruzamos com várias entidades de pequena estatura e corpos delicados, de constituição física semelhante à nossa e que diziam, saudando e passando.

Nada de temores, irmãos, estamos em casa de nosso Pai Eterno.

— Quem são? perguntei. E que lugar é este?

Hussain, concentrado em alguma ideia qualquer, não respondeu.

Dirigimo-nos a um edifício baixo, cercado de vegetação brilhante, que contrastava fortemente com o exterior árido e rústico e aí penetramos: era uma espécie de laboratório-oficina, com máquinas e instrumentos inúmeros, que a todos desconhecia.

Após entendimento prévio com o diretor, Hussain levou me para junto de uma espécie de telescópio, de material opaco e leitoso e de pequeno tamanho.

— Olhe para ver a Terra; e apontava para um visor.

Olhei e vi um astro ao longe, com nitidez admirável, que permitia assinalar, logo à primeira vista, os continentes e os mares. Notei também uma radiação áurica escurecida e, nesta, alguns pontos brilhantes, bem visíveis.

— São postos de socorro avançados, que acompanham o globo na sua rotação, porque estão fixados na sua atmosfera, Hussain explicou.

Observei que eram mais numerosos no hemisfério ocidental e um deles, bem ao sul, estava no momento tentando ligação com algum outro, pois que Hussain, havendo colocado sua mão em minha testa permitiu que eu visse os sinais fulgurantes de chamadas. Viam-se bem as oscilações vibratórias de ondas curtas, como também radiações em linha reta, muito mais rápidas.

Hussain explicou:

— As ondulações de maior número são as vibrações mentais humanas e os raios vêm de instrumentos eletrônicos. Vamos chamá-los, disse:

Passou a outro aparelho, ao lado; manipulou alguns botões, transmitindo sinas e, em alguns segundos, vimos as radiações dos postos terrestres aumentarem de intensidade.

— Olhe aqui agora, sugeriu ele, indicando um pequeno painel que naquele instante se iluminara e vimos, como na televisão, um ser humano pouco distinto, mas bem definido, junto ao aparelho, no posto de socorro terreno.

— Quer transmitir alguma coisa?

— Sim, o seguinte: "Fraternidade e paz com Jesus". A resposta não se fez esperar — "Cristo é amor".

— É um processo de radiotelefonia, explicou, já conhecido.

Emocionado pensei: lá estão os servidores desencarnados a postos na velha Terra, e li na mente de Hussain que ele gostara daquelas mensagens.

Estava eu vendo ali que o cristianismo, como havia aprendido no Espiritismo, na Terra, era a doutrina de um sistema planetário e não somente de um atrasado planeta.

Hussain chamou-me então para um aparelho maior, reluzente, dizendo:

— O encantamento da maioria dos observadores do céu, mesmo na Terra, pelo que sei, é sempre Saturno. Venha vê-lo.

Aproximando-me curioso de uma janelinha quadrada do aparelho observei o glorioso planeta fazendo o seu giro, acompanhado de seus satélites e anéis esplendorosos. Era estonteante, pois o astro era visto muito perto. Se pudesse iria até lá, pensava enquanto olhava, mas Hussain interveio logo, lendo o meu pensamento:

— Agora não; nosso passeio é só este por hoje, mas haverá talvez ocasiões mais felizes.

— E você, perguntei, deixando de olhar, já foi lá alguma vez?

— Sim, algumas vezes, respondeu sorrindo, em excursões de estudo, e confesso que também fiquei maravilhado por tudo que vi.

— Ao menos poderá narrar-me o que viu, como consolação, sugeri...

— Isso prometo, assim que regressemos, o que, aliás, devemos fazer já, porque o que era possível por hoje foi feito.

Despedimo-nos e regressamos, sem, ao menos, me ser permitido entrar em contato com o local mais detidamente. Parece que estas eram as ordens recebidas por Hussain e por isso não insisti.

No momento da partida ele disse:

— Observe o que vai suceder e verá que é instrutivo.

Achegou-se a um transmissor e enviou uma mensagem avisando do regresso e nos lançamos de volta; mas, antes que a mensagem chegasse ao Departamento no Templo, nós já ali nos encontrávamos.

— Há assim no Espaço, tamanhas resistências à passagem das ondas? perguntei.

— Não, respondeu ele: a atmosfera do Calpa II é limpa e pura e, no Espaço aberto, raramente imprevistos as interceptam. O que queria que você observasse, acrescentou, é a inconcebível velocidade de locomoção do Espírito no Espaço; e vejo que percebeu.

— Comparando com a luz, cuja velocidade transcende a tudo no Cosmo, retorqui, qual a proporção?

— Não posso fazer-te agora preleções sobre este assunto, nem estou autorizado a tanto, mas enganas-te supondo que a luz é o elemento de maior velocidade no Cosmo.

Surpreendido com a declaração positiva insisti:

— Neste caso a ciência da Terra está errada?

— Repito: não posso debater contigo este assunto. Desculpe, mas o que te disse é verdadeiro e assim não estarás mais induzido em erro, de hoje para o futuro.

No que respeita a outros globos do nosso sistema planetário, seria inútil enfileirar descrições mais ou menos sensacionais, quando, pelo que sabia, nenhuma delas pode oferecer comprovações outras que as do simples mediunismo, pouco acreditado na Terra e que para estes casos se resume nas comunicações de Espíritos desencarnados por incorporação ou por vidência.

Mas esta descrição sobre Saturno foge destas duas condições, porque o próprio narrador descreveu o que viu em excursões de estudos nesse planeta e faz a descrição a outro Espírito desencarnado que no momento o visita, não havendo, portanto interferência de médiuns encarnados.

Aqui há duas barreiras que se somam para aumentar a desconfiança dos que exigem provas que não se podem dar mas, que em nada alteram a verdade que permanece pela fé racional espírita, que a experiência testifica.

XIX

SATURNO[15]

Dali fomos para seu setor de trabalho no Departamento e passamos várias horas em fraternal convívio. Cumprindo a promessa falou sobre Saturno e, com tal clareza e fluência e tão instrutiva foi a exposição desde o início, que lhe pedi que a gravasse para que, mais tarde, pudesse reproduzi-la. Anuiu de bom grado.

— "Era descendente de muçulmanos, originário de Sinla, nas encostas do Himalaia, na Cachemira e, seu amor pelo estudo e pela ciência levou-o, após o desencarne, a ingressar na Fraternidade, passando a residir no Templo, destacado no Departamento.

Explicou de início que a beleza dos dias e das noites em Saturno, com a cobertura dos satélites e dos anéis multicores, levou-o a interessar-se particularmente por esse globo, de tão discutida constituição.

— Vou fazer uma narração de memória, por alto, mas de preferência, do ponto de vista social e religioso; são tantos os motivos de interesse que somente assim, resumindo fortemente, poderei fazer uma descrição que satisfaça sua curiosidade de momento. Irei saltando sobre esses motivos, à medida que eles forem desfilando na minha mente, sem preocupação alguma de método e de ordem. Serve assim?

— Seja como queira ou possa, Hussain. Ouvirei atento e guardarei a gravação como dádiva preciosa.

---

[15] Atualmente estão se amiudando as possibilidades de intercâmbio mediúnico com esse e outros planetas do nosso sistema.

Sorrindo do meu entusiasmo ele premiu um botão do gravador e disse:

— "A Terra é um globo agitado, tumultuado, com uma mecânica ruidosa e primária; os ruídos enervantes de nosso mundo não existem em Saturno: silêncio, harmonia, felicidade, é o que logo se nota ao chegar. Chegando ali pode-se dizer: estou em um mundo de paz.

O tráfego é intenso mas, silencioso e suave e, por toda parte se recebem olhares doces, palavras fraternas, vibrações poderosas de amor espiritual, havendo grande urbanidade no tratamento de uns para os outros, nas ruas e nas casas. Estas são belas, artísticas, iluminadas e acolhedoras, pois não possuem portas que se fechem; as construções são de estilo próprio, leve, rendilhado, muito diferente de tudo o que existe na Terra; é uma arquitetura vamos dizer, espiritual, que segue ou interpreta as ânsias dos homens saturninos de subirem para Deus; cada casa é uma espécie de prece para Deus.

As crianças são graciosas, espontâneas e carinhosas.

Os saturninos respeitam e amam todas as pessoas, apreciam os dotes físicos, que diferem em diferentes pontos do planeta e enaltecem os valores morais. Para eles são altamente consideradas e queridas as pessoas que realizam trabalhos sacrificiais em benefício da coletividade.

São seres evangelizados, equilibrados e operosos, mas sem a agitação, a nervosidade próprias dos habitantes da Terra.

A dignidade e a serenidade são os padrões do homem comum saturnino. Sua fala é musical e embaladora; os gestos são expressivos e delicados e as fisionomias irradiam pureza e bondade.

Já sabe que o mais ligeiro pensamento materializa-se no etéreo, tomando forma e possuindo o som, cor e odor, uma vez que toda criação mental tende a isso, de forma mais ou menos nítida, segundo a capacidade idealizadora de seu criador; apresenta coloração luminosa ou sombria segundo sua elevação ou inferioridade e de acordo com sua natureza religiosa, científica, artística, altruística ou passional; apresenta características ainda que ínfimas de ponderabilidade; terá agradável perfume o pensamento nobre de um apóstolo do Bem e mau odor, a ideia cruel ou grosseira de um criminoso.

Além disso casam-se as mentalizações do mesmo teor vibratório; um pensamento digno e elevado participará da divina harmonia das ondas mentais emitidas pelos Espíritos cristificados, enquanto um pensamento vil ou maldoso contribuirá para aumentar a desarmonia ambiente, gerada pelas mentes em trevas ou desequilíbrio.

Estas são as leis que regulam o assunto, mas em Saturno elas não têm aplicação no sentido negativo porque prevalece sempre e unicamente o melhor, o mais alto, puro e perfeito.

Graças ao desenvolvimento dos seus órgãos de percepção mais elevados, têm os saturninos a ventura de perceber a harmonia e a indizível beleza da esfera espiritual purificada que envolve o planeta e a sublime elevação das radiações mentais e afetivas que permutam entre si e que lhes constitui fonte permanente de felicidade.

Após uma pequena pausa, Hussain prosseguiu:

— A atmosfera de Saturno é sempre clara, isenta de tempestades e saturada de luzes multicores que vêm dos satélites e dos anéis. A vegetação, de um verde vivo, é como um manto veludoso que cobre todo o solo.

Os animais são evoluídos no seu reino; não temem ao homem mas, ao contrário, servem-no com devoção, compreensão e inteligência, por isso jamais passaria pela cabeça de um saturnino fazer mal a qualquer deles, por mais ínfimo que seja e nem mesmo pensariam em esfolá-los, depois de mortos, para se utilizarem de suas peles, em adornos ou quaisquer outros misteres; são graciosos, carinhosos e vivos, como as crianças e, com confiança perfeita, se aproximam dos homens e descansam na sua proteção.

A maturidade dos saturninos torna-os incompatíveis com a agitação, a volubilidade, a inconstância, a superficialidade de análise, a dispersão de atenção para as exterioridades das coisas, próprias do homem terreno.

Não encaram o corpo físico unicamente como veículo de prazeres e sensações, mas como um sagrado instrumento de redenção individual.

Sua atividade religiosa é intensa; é como um impulso espontâneo e irresistível de perfeita comunhão com o Plano Espiritual Superior nas horas de prece, não havendo entre eles qualquer divisão ou sectarismo.

Dedicam-se fundamente aos estudos científicos avançados e nisso encontram amplas facilidades nas escolas e nos cursos, inclusive na utilização de material didático e apetrechos em geral.

Cultuam as artes sem visar retribuições; fazem-no como colaboração pessoal ao adiantamento da humanidade. Buscam a verdade espiritual em todas as coisas e transmitem-na reciprocamente sem exclusivismo, fantasias ou preconceitos pessoais, tendo sempre em vista o amor universal e a unidade em Deus.

É uma humanidade que ultrapassou o ritmo das reencarnações nos mundos baixos; tudo conquistou com esforço milenar, ajudando-se mutuamente uns aos outros, e todos evoluindo com rapidez.

Aperfeiçoam constantemente sua organização física celular, buscando harmonia no corpo e no espírito; por isso seus corpos são eterizados e podem suportar períodos longos de atividade sem alimentação outra que alguns goles de sucos vegetais e respiração adequada, fazendo assim grandes reservas de energias, para jejuns purificadores que lhes aumentam as possibilidades da comunhão com os mundos superiores.

Fisicamente são belos e suas fisionomias se iluminam de sentimentos de amor permanente que, dia a dia se purificam, vivendo como vivem em ligação estreita com as fontes universais do amor.

Pela ausência de ambições, pelo equilíbrio do metabolismo e pela sobriedade em todos os sentidos, jamais se esgotam, como os homens da Terra, para os quais é comum mau uso que fazem da bênção maior de Deus, que é o dom da vida plena.

O homem terreno exponencial tornou-se sábio antes de se ter evangelizado e, por isso, sua sabedoria muitas vezes leva para o mal, prejudicando a humanidade toda. Assim o vemos hoje; mas, reunindo e selecionando os que se tenham colocado ao lado do Messias Jesus, em sua piedosa obra de redenção, poderá a humanidade da Terra, a partir do próximo milênio, tornar-se apta a conquistas morais, científicas e religiosas mais elevadas do que, aliás, muito necessitará porque a ela competirá: 1) encaminhar a nova civilização, agindo em um mundo que herdará em escombros, semidestruído pelas hecatombes que estão por vir; e 2) a extirpação dos resquícios do mal que remanescerem no coração dos homens, para que a Terra entre então, definitivamente, no ritmo da nova ascensão. Mas, mesmo assim, em comparação com o que fora antes, essa Terra do futuro será um verdadeiro paraíso, habitado por uma humanidade feliz.

Feita essa pequena digressão elucidativa, Hussain prosseguiu, voltando a Saturno:

— Se quiserdes ter uma ideia da beleza dos saturninos, mentalizai linda criança terrena, de traços nobres e delicados; dotai-a de expressão amorosa, inocente e confiante; adicionai-lhe prodigioso intelecto; acrescentai-lhe a expressão de profunda modéstia; envolvei-a ainda em aura de radiante claridade e tereis formado pálida ideia desses irmãos nossos, em processo avançado de angelitude, no qual envolvem também os cuidados pelo corpo físico, em profundo reconhecimento ao Senhor pelo empréstimo da redentora veste exterior, que aperfeiçoam e santificam constantemente.

O êxtase espiritual que os domina em seus momentos de prece é tão intenso, que te assombrarias se o compreendesses; quanto a eles, por sua vez, se assombram ante o fato lastimável de haver em outros orbes, criaturas que deliberadamente sufocam suas possibilidades de alcançar os mesmos benefícios, deixando-se afundar em sombrias faixas de materialidade.

Caminha a humanidade saturnina a largos passos para a compreensão da universal presença da divindade, consciente do fato de que o ser Deus tudo em todos, não significa que as partes do todo sejam Deus, de vez que a associação de todos os seres criados é pálido reflexo do sol divino e jamais chegaria a brilhar como a Inefável Luz Criadora.

Os habitantes da Terra deparam, desde a infância, com os degradantes espetáculos dos seres afastados de Deus, ostentando sentimentos impuros, engolfados em materialidade e reciprocamente se hostilizando e se destruindo, como inimigos mortais.

Em Saturno, desde os mais tenros anos, a educação infantil leva para a compreensão e para a vivência da fraternidade universal, excluída qualquer ideia de egoísmo, orgulho, separação; o lar é o planeta todo; a família é a humanidade toda; desde criança o saturnino aprende a amar os semelhantes e os animais e a preservar e manter a pureza do corpo físico para legar a seus descendentes um veículo corporal perfeito e incontaminado.

Alimenta-se racionalmente de sucos e seivas vegetais, cientificamente manipulados e dosados, nos seus campos cultivados; e o ato da alimentação não é pura e simplesmente o prazer dos sentidos ou da gula, mas, um ritmo ligado aos deveres e cuidados devidos à perfeição do corpo.

A luminosidade do campo astral saturnino é tão intensa que deslumbraria teus olhos, habituados às sombras da Terra, a ausência de luz etérica e de claridade nos planos espirituais inferiores, devido à escuridade perispiritual de imensas legiões de encarnados e desencarnados, tornam a Terra um astro impuro, sombrio, rodeado por uma atmosfera pesada, asfixiante, venenosa, como ainda há pouco verificaste observando-a do Calpa II.

A tessitura vegetal de Saturno é translúcida, luminosa, diáfana e, devido à sua transparência, os vegetais deixam ver o giro da seiva na intimidade dos tecidos. As flores, na sua delicadeza, forma e beleza, jamais são colhidas, tão grande é o amor dos saturninos por elas; permanecem como jóias verdadeiras, vivas, coloridas, perfumadas, pendentes dos ramos, cintilando às carícias da luz, em cores diversas, qual maravilhoso arco-íris.

E quanto aos frutos, sabem eles que são cultivados para alimentar os homens e por isso não se agarram às árvores, mas deixam-se cair na mão que se estende, numa autodoação sem reservas, generosa e espontânea.

É tão grande a sensibilidade dos vegetais em geral e sua necessidade de aconchego humano, que se voltam instintivamente para as pessoas, num verdadeiro tropismo de amor, que lhes é tão essencial ao viço e à conservação quanto a seiva, os fertilizantes e os raios do sol.

Quem pois seria capaz de feri-los leviana e maldosamente?

Em Saturno não há jardins particulares, pois que tudo se constitui propriedade coletiva, francamente aberta a todos; os vegetais, dizem, Deus os cria para ornamento do planeta e nutrição das demais espécies viventes; por isso os homens auxiliam por todas as formas a bruxuleante centelha que neles existe, a caminho da **individualização** no futuro, cercando-os de amor e de cuidados, para que se desenvolvam harmoniosamente e com segurança, dentro de sua linha evolutiva; por isso é que as plantas também lhes retribuem os cuidados com irradiações intensas de magnetismo.

As construções em geral são feitas de material translúcido e flexível até ser moldado nas formas adequadas e nos tamanhos necessários, o que facilita grandemente o trabalho dos arquitetos; em muitos casos são também edificadas mentalmente pelos técnicos selecionados para esse empreendimento, como aliás já é do seu conhecimento.

No campo religioso finalmente, como não existem crenças diferentes, também não há sacerdotes, nem orientadores diferentes: um só Deus, uma só Verdade, um só culto. Reúnem-se os homens em harmoniosa concentração e perfeita sintonia com os planos superiores buscando todos, num só impulso de amor e de fé, a comunhão suprema com Deus. Essa, como deve saber, é a religião dos seres evoluídos.

Com esta frase terminou Hussain sua preciosa dissertação sobre Saturno, sua humanidade, sua vida, seus costumes e tudo aqui reproduzo exatamente como consta da gravação que foi feita.

Tal era sua eloquência, integração mental na matéria que expunha, que percebi estar à frente, não de um simples auxiliar de departamento interno do Grande Templo, mas de um mentor altamente qualificado para difundir verdades espirituais no mundo.

— Não é somente Hussain, pensei.

Ele leu meu pensamento e sorriu, mas nada disse:

Pela minha mente, no mesmo instante, surgiu então sua verdadeira identidade, já bastante conhecida e admirada entre os espíritas do Ocidente. Olhando-o diretamente, repeti a interrogação muda:

— Não és Hussain.

Mas ele, da mesma forma, sorriu e nada disse, desmentindo; e eu nada mais pensei, respeitando o seu silêncio.

Insistindo em obter informações perguntei ainda a Hussain:

— E esse Calpa II, onde fomos, o que é?

— Figurando a Terra como um continente respondeu ele, o Calpa II é uma pequena ilha costeira ...

E se retirou sorrindo de minha perplexidade.

O REGRESSO

Nessa mesma noite, bem tarde, adormeci em sono profundo e, quando despertei na manhã seguinte, era plena madrugada ainda; o sol não despontara e uma penumbra suave escurecia os campos e as cidades.

O Grande Templo estava mergulhado nela e adormecido e o Ganges, como uma fita de prata, rolava suas águas beijando as praias, que já começavam a se encher de gente.

Sobre a mesa lá estava um papel muito alvo que dizia: "Excursão terminada; regressaremos dentro de momentos." A assinatura era de Naranda, o querido instrutor cuja convivência me honrara e engrandecera.

Já perdendo de vista na bruma do rio o Grande Templo dois fortes pensamentos me vieram à mente:

— Que é uma realidade inalterável o sentido de fraternidade entre os Espíritos mais evoluídos; em nenhum momento, durante os dias felizes que ali passei, esse sentimento deixou de imperar sobre tudo, ou de reduzir-se de espontaneidade em qualquer dos escalões de trabalho que visitei; ninguém tinha a ideia obrigatória de agradar, mas todos agradavam imensamente pela sinceridade do afeto que demonstravam uns para os outros.

— Dessa visita levava eu a certeza confirmada de que em toda parte onde seres humanos servem a seus semelhantes essa atitude é o padrão de unidade que os caracteriza e que Jesus fixou na legenda imortal: "amar a Deus acima de todas as coisas e ao próximo como a nós mesmos."

Realmente vi ali a prova insofismável de que nesta legenda se resume "Toda a Lei e os Profetas".

E oxalá possa eu ter incorporado alguma parcela, por pequena que seja, desses valores espirituais autênticos e transcendentes.

Momentos depois, quando já nos afastávamos, bem alto nos céus, olhei para baixo e vi como o Grande Templo se destacava na penumbra como num sonho e sua aura luminosa irradiava em volta, quanto o olhar alcançava; os faróis das torres, em cores amarelas e azuis, varriam as redondezas em todas as direções, ultrapassando os horizontes visíveis, como convites a amigos a quantos necessitassem de ajuda e como bênçãos de esperança e de amor para todo o grande povo da Índia.

Tomei a mão do Instrutor na minha, não por que ainda necessitasse dela como apoio, mas para sentir mais de perto o estimulador aconchego do seu afeto e também e muito por gratidão, por tudo quanto de sua mãos e de seu coração recebi nesses dias inesquecíveis.

FIM

Ler não é apenas correr os olhos pelas páginas até as pálpebras caírem de sono. Cada frase tem um sentido e cada capítulo de um bom livro deve enriquecer a sua mente e fecundá-la.

Aliança

Publicações Aliança

Métdos Espíritas de Cura
O funcionamento da mente
e repercursões espirituais
As cores da Alma.

Desenvolvimento Mediúnico
Um roteiro perfeito para
o bom funcionamento
da mediunidade.

Mediunidade
Seus aspectos
desenvolvimento e utilização.

Passes e Radiações
Iniciação Espírita
Métodos de cura
e tratamento espiritual.

Prática Mediúnica
Levantamentos sobre a
realidade da prática mediúnica
e melhores direcionamentos.

O Redentor
Vida, obra e ensinamentos
do mestre da Galileia.

Aliança

Histórias Espíritual da Humanidade

Exilados da capela
A formação e evolução das raças no planeta Terra.

Na Cortina do Tempo
Sobreviventes salvos da Atlântida preservam seus conhecimentos destinados à posterioridade.

Almas Afins
A trajetória de Espíritos afins desde a submersa Lémuria até os dias atuais.

Temas Doutrinários e Evangélicos

Na Semeadura I
Temas doutrinários abortados com objetivo e clareza.
da mediunidade.

Na Semeadura II
Temas doutrinários abortados com objetivo e clareza.
da mediunidade.

Lendo e Aprendendo
Mais temas doutrinários com índice remissivo de *Na Semeadura II*

Verdades e Conceitos I

Ideal da Aliança em importantes resoluções históricas.

Verdades e Conceitos II

Ideal da Aliança em importantes resoluções históricas.

Assistência Espíritual e Mediunidade
Obra tem como foco principal as atividades adotadas pelos centros espíritas que adotam os programas da Aliança Espírita Evangélica